Votre Quête Sacrée

L'archange Michaël

Tome III

par

Ronna Herman

ARIANE

Titre original anglais :
Your sacred quest

6005 Clear Creek Drive
Reno, Nevada 89502

Ariane Éditions inc.
1209, av. Bernard O., bureau 110, Outremont, Qc,
Canada H2V 1V7
Téléphone : (514) 276-2949, télécopieur : (514) 276-4121
Courrier électronique : info@ariane.qc.ca
Site Internet :www.ariane.qc.ca

Traduction : Marie-Blanche Daigneault
Révision linguistique : Monique Riendeau, Michelle Bachand
Révision : Martine Vallée
Graphisme : Carl Lemyre
Illustration page couverture :Daniel Holeman, www.awakenvision.com

Première impression : février 2004

ISBN : 2-920987-78-X

Dépôt légal :1er trimestre
Bibliothèque nationale du Québec
Bibliothèque nationale du Canada
Bibliothèque nationale de Paris

Diffusion
Québec : ADA Diffusion – (450) 929-0296
www.ada-inc.com
France et Belgique : D.G. Diffusion – 05.61.000.999
www.dgdiffusion.com
Suisse : Transat – 23.42.77.40

Imprimé au Canada

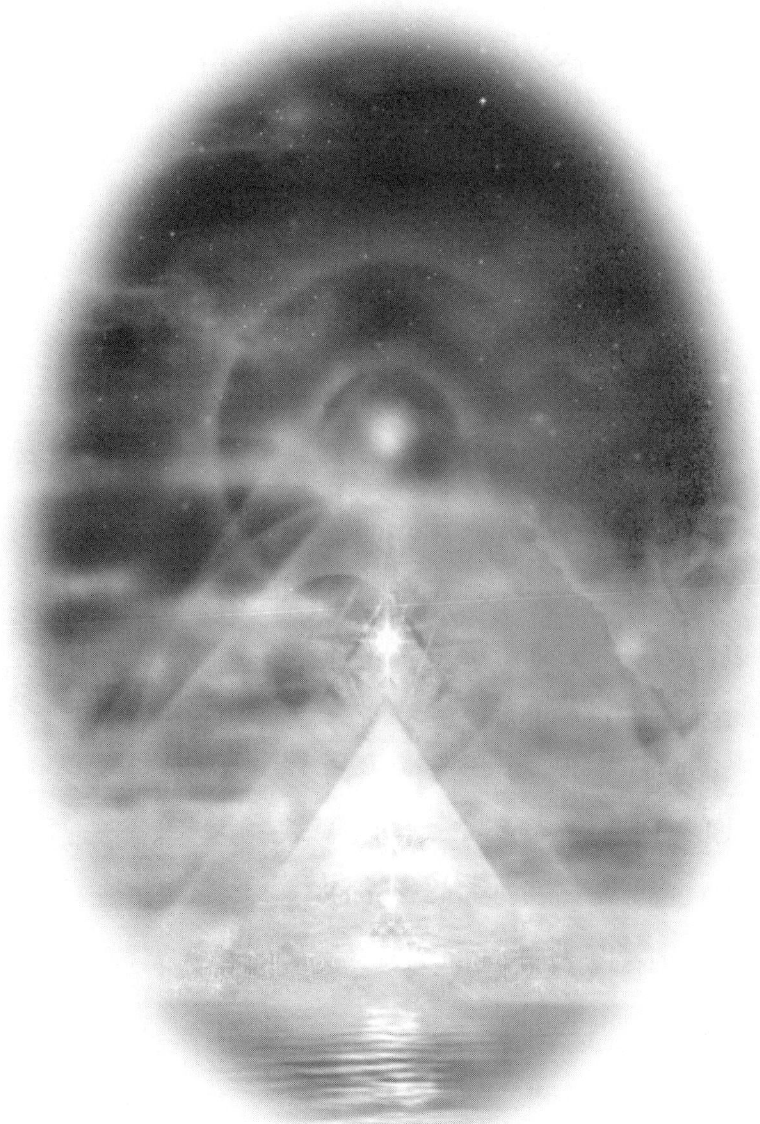

Table des matières

Ronna Herman / Archange Michaël

Lee Carroll / Kryeon et Jan Tober

seront en France le 8 mai 2004

Contacter :

Association Claire de Lune
67 fg St Nicolas
54820 Marbache – France

Téléphone : 03 83 24 01 33
Courriel : ajff@infonie.fr

Un message de Ronna

Très chers amis,

Qu'y a-t-il de mieux à faire, en ce jour de l'An 2003, que de mettre la touche finale à ce troisième livre présentant les messages de l'archange Michaël ? Les mois de décembre et janvier sont ceux où j'aime me consacrer à l'écriture (une activité que j'adore), qu'il s'agisse de nouveaux textes ou de la finalisation d'un manuscrit destiné à la publication.

L'année s'est avérée intéressante, c'est le moins qu'on puisse dire ! Tous nous avons connu des extases et des miracles prodigieux, tous nous avons vécu des moments bouleversants et traversé maintes épreuves. Par mes conversations avec les gens, et par les lettres et courriels que je reçois de partout dans le monde, je constate que plusieurs sont en proie au découragement ou à l'abattement. Certains disent même éprouver un vague ennui quant à l'apparente « stagnation » de leur évolution spirituelle. Dans l'état actuel des choses, notre ego s'ennuie et désire un peu d'action dramatique, même si celle-ci est négative. De ce fait, il y a risque de devenir paresseux, de dériver et de s'échouer, de ne pas se montrer aussi vigilants par rapport à ce que nos choix les mieux avisés devraient être. Même si vos rêves ne se concrétisent pas aussi rapidement que vous le souhaiteriez, même si l'enthousiasme initial pour le « jeu de l'ascension » semble faire défaut, ne flanchez pas !

Comme le dit l'archange Michaël, nos épreuves se font plus subtiles. Notre voie n'est peut-être plus aussi clairement tracée, mais la route à suivre s'éclairera certainement : il suffit de demeurer focalisés sur un pas à la fois, à chaque instant. Nous avons évacué une bonne partie de ce qui comptait dans l'ancien monde. Certains éléments furent un soulagement ; d'autres, particulièrement douloureux.

Il faudra un certain temps pour que notre nouvelle réalité prenne forme et pour créer un monde constitué de délices et de merveilles. L'époque actuelle apportera peut-être les plus grandes épreuves, car nous opérons dorénavant depuis un état éveillé et nos choix doivent relever de l'ordre le plus élevé. Se soustraire à une décision qui s'impose ne fonctionne plus ; c'est inadmissible puisque nous sommes désormais capables d'attirer une quantité plus importante de la Lumière du Créateur et que nous sommes responsables d'accroître notre illumination. Chaque jour, regardez autour de vous et reconnaissez les changements et les miracles qui surviennent. Efforcez-vous quotidiennement de faire du mieux possible et de percevoir le meilleur en vos proches, en vos amis, chez vos collègues de travail et tous ceux que vous rencontrez. Les vibrations de la gratitude et de la reconnaissance sont parmi les fréquences les plus élevées ; parsemez-en généreusement vos journées et voyez ce qui se passe alors.

Je rends grâce pour les nombreux dons et miracles dont j'ai bénéficié cette année. Vous me rendez un grand hommage et je me sens humble devant l'amour que me témoignent mes tendres amis et ma famille spirituelle dans l'univers entier. Je me sens très honorée d'avoir été choisie pour servir de messager à l'archange Michaël et à sa sagesse profonde, son énergie bienveillante et sa protection. Ma vie est une merveilleuse aventure, et je sais que le meilleur reste à venir.

Je vous souhaite l'amour, la paix, la joie et l'abondance. Que vos jours et vos nuits soient emplis de Lumière, d'arcs-en-ciel et de bénédictions angéliques.

1

Votre quête sacrée

Maîtres bien-aimés, nous vivons une époque incomparable ; avec les bénédictions du Créateur et de votre Dieu père/mère, vous avez été dépêchés en vue d'une quête sacrée. Chacun de vous fut encodé d'un schème divin et reçut les dons et les outils dont il aurait besoin pour réaliser sa mission en tant que cocréateur. Peu importe votre statut dans la vie ou ce que vous avez manifesté ou vécu au cours des âges, vous avez toujours été des émissaires bénis du Créateur.

La plupart d'entre vous n'arrivent même pas à comprendre ce qu'ils ont vécu dans le passé et les formidables obstacles qu'ils ont surmontés au cours de leurs nombreux séjours dans un corps physique. Souvent, lorsque vous avez eu l'occasion de mener une existence facile, vous avez refusé ce cadeau et avez hardiment répondu à l'appel du clairon pour servir dans nos légions de Lumière. Voilà pourquoi vous avez opté pour une incarnation physique à l'époque actuelle, bien-aimés. Vous saviez que ce serait la vie la plus importante que vous ayez jamais vécue sur la planète Terre et en cette galaxie. On vous a révélé ce que vous auriez à vivre afin d'entamer le processus douloureux qui exigeait de retrouver l'équilibre et l'harmonie à la fois à l'intérieur et dans l'environnement/réalité où vous aviez choisi de naître. Bon nombre d'humains ont l'impression d'avoir vécu plusieurs vies au cours de cette même incarnation ; il leur semble s'être métamorphosés en divers personnages ou avoir emprunté différentes personnalités dans le but d'éliminer lentement les masques et les carapaces incorporés dans leurs corps physique, mental et émotionnel. Ils n'ont pas tout à fait tort. C'était l'une des conditions auxquelles vous avez acquiescé pour être autorisés à vous incarner ici-bas en cette époque d'évolution formidable. Vous avez également consenti à ce qu'il nous soit possible d'annuler votre libre arbitre aux moments opportuns, afin de vous pousser sur la voie de l'éveil à votre nature divine et à votre mission.

Au cours de nombreux éons, depuis que le Créateur suprême s'est animé et fragmenté en trillions d'étincelles de conscience divine, vous avez répété le même processus, vous réfléchissant à des milliers de reprises. Mais le plan du Créateur a ceci de merveilleux : *il veut qu'au sein de votre centre du cœur solaire réside un cœur cosmique éthérique, et qu'enfouie profondément dans votre essence se trouve une cellule* Dieu précieuse renfermant la totalité de la conscience du Créateur. Vous êtes tous contenus dans l'essence du Créateur, et peu importe le nombre de fois où vous aurez à vous diviser ou à réfracter votre conscience, l'essence de la Création tout entière demeurera en vous.

La réunification miraculeuse avec tous les aspects et toutes les fractions de votre être est déjà bien avancée. Elle s'avère parfois douloureuse et déconcertante, notamment lorsque vous tentez d'équilibrer ces parties de vous qui sont en dissonance avec votre âme, ou Soi supérieur. Votre Soi véritable ne peut abriter ni peur, ni culpabilité, ni honte, ni pénurie ; il s'agit là d'éléments appartenant à l'ego terrestre qui n'ont pas leur place dans votre conscience divine.

Nous vous avons précédemment demandé de pénétrer dans une pyramide de conscience supérieure unifiée. Dans l'un des coins, nous avons posé l'élément sacré Terre et votre rapport à vous-même. La Terre constitue votre fondation et, si vous souhaitez retrouver votre vastitude, vous devez chacun vous assurer sans cesse d'être ancré ou attaché aux énergies de votre planète bien-aimée. Votre mission dans cet univers consiste à aider à la manifestation de mondes sans fin, mondes dont la forme matérielle présente divers degrés ; comme vous le savez, les lois universelles exigent d'avoir à faire l'expérience de ce que vous avez créé. Vous avez goûté à chaque stade de l'expression terrestre, vous êtes tous descendus dans les époques les plus compressées, les plus sombres de l'histoire humaine : *la conscience humaine à caractère instinctif et animal. Et aujourd'hui, vous êtes parmi ceux qui conduisent la race humaine vers la légèreté de la conscience divine et humaine de type spirituel.*

Avant de pouvoir retrouver la maîtrise de votre monde, il faudra rétablir l'état de maître en vous, exercer la maîtrise sur vous-même. Il est impératif que vous admettiez ces facettes de votre « condition d'être » qui ne favorisent pas votre bien suprême. Plutôt que de chercher à l'extérieur de vous, chez l'autre qui ne fait que refléter ces énergies, ces actions et ces pensées que vous projetez, tournez plutôt le miroir dans votre direction et regardez-vous en toute sincérité. Scrutez votre regard, le tréfonds de votre âme, et ayez le courage d'admettre ces choses qui sont source de malaise, d'anxiété et de souffrance. Vous n'avez qu'à accepter l'ensemble des facettes de votre être comme vos propres créations, puis à déclarer votre intention de transmuer ou d'évacuer celles qui ne correspondent pas au Soi divin que vous êtes en train de recréer. Nous vous avons enseigné de nombreuses méthodes pour y parvenir, mais il faut vouloir y faire appel et déclencher ce processus.

Sachez également que vous n'êtes plus seuls à effectuer ce voyage. Les myriades d'aspects de vous-même que vous avez engendrés aspirent également à l'illumination et souhaitent retrouver l'harmonie. Vous avez à votre disposition toute l'aide dont vous aurez jamais besoin ; il n'y a qu'à la solliciter.

Dans le coin diamétralement opposé où vous vous tenez, près de votre rapport à vous-même, se trouve l'élément eau et votre rapport aux autres. C'est là où votre corps, votre nature émotionnelle entrent en jeu, car ici reposent quelques-unes de vos plus grandes épreuves. Au début, vous saviez que même si vous sembliez distinct et dissocié de vos frères et sœurs spirituels, en essence vous faisiez tous partie de l'Un. L'amour inconditionnel prévalait et vous étiez persuadé que ce qui profitait à l'un profitait à tous. Peu à peu, cependant, un sentiment de dissociation s'est insinué dans la conscience humaine, de même que l'idée de manque, de jugement et de peur. Vous avez oublié que tout ce dont vous auriez jamais besoin était dispensé par ce courant vertical de conscience et de Lumière du Créateur en provenance de la source. Vous vous êtes laissé séduire par la danse de la polarité, de la dualité, ce va-et-vient constant par lequel, jusqu'à un certain point, vous tentiez de vous emparer des énergies d'amour/Lumière que vous désiriez si intensément. À mesure que s'accélère le processus de reconstruction de votre corps de Lumière immortel, lentement mais sûrement vous retrouvez un état d'amour inconditionnel où votre nature émotionnelle sera de nouveau en accord avec votre aspiration la plus noble et la conscience d'unité.

Dans le troisième coin de la pyramide, nous avons déposé l'élément feu et votre rapport à l'Esprit ; autrement dit, votre relation à tous avec l'immensité du Soi. Bien-aimés, nous tentons d'instiller en vous cette idée que vous êtes des facettes rares du Créateur et qu'à ce titre vous faites partie intégrante de tout ce qui est. Les dons de perception lucide que nous vous avons accordés au cours des dernières années sont des outils visant à rétablir et à consolider votre connexion au Soi supérieur, à votre présence JE SUIS, à notre Dieu père/mère et au Créateur suprême. Si tous les moyens tels la méditation, les exercices, le souffle d'infini, la pyramide de Lumière/pouvoir, la méthode pour devenir des maîtres alpha et la métavision sont mis en œuvre délibérément et avec une intention juste, alors les processus de transformation et de réunification seront miraculeusement accélérés.

Grâce à l'élément feu, vous attiserez peu à peu votre foyer spirituel jusqu'à ce que le désir de vous prévaloir à nouveau de votre droit de naissance divin brûle si ardemment que vous ne puissiez plus en faire fi. Quand vous emprunterez la voie qui mène à votre quête sacrée, rien ni personne n'arrivera à vous empêcher de la poursuivre. Et c'est exactement ce qui se passe actuellement partout dans le monde : *de plus en plus d'âmes éprouvent un sentiment d'insatisfaction.* Et c'est ainsi que pour chaque acte de violence commis, des milliers de gestes de bienveillance et de compassion sont posés. Les vagues d'amour inconditionnel que vous diffusez entourent la Terre et ont un véritable impact.

Dans le quatrième coin de la pyramide, nous avons posé l'élément air/éther et vos pensées, intentions et actions conscientes. Il faut d'abord changer en sagesse le savoir acquis, sagesse que vous acquériez autrefois par l'épreuve et l'erreur. Aujourd'hui, votre corps mental se raffine et vous accédez à votre corps mental supérieur de sagesse. Lorsque vous avez des soucis, qu'une interaction avec quelqu'un ou une situation désagréable vous déroute, vous savez chacun demeurer observateur de vos échanges et adopter un point de vue supérieur, car vous l'avez appris progressivement. Vous reconnaissez ne pas être une victime et que ce qui se présente à vous constitue une occasion de devenir lucide et de transmuer, ou d'équilibrer, quelque chose de non résolu encore. Vous êtes absolument convaincu que chaque action entraîne une réaction correspondante – c'est la loi immuable de cause à effet – et que cette réaction vous reviendra sous une forme similaire ou multipliée, peu importe l'aspect positif ou négatif de cette action. Lentement mais sûrement, vous accédez au puits de connaissance à l'intérieur de votre structure cérébrale, y puisant la sagesse qui n'attend que d'être réclamée. À l'heure actuelle, vous êtes aussi en train de dégager les distorsions à l'intérieur de la passerelle d'arc-en-ciel qui conduit à la réunification totale avec votre propre présence JE SUIS. Alors, bien-aimés, les miracles et les bénédictions déferleront vraiment sur vous, car vous aurez accédé à votre propre puissance Dieu de la Source.

Petit à petit, en franchissant les vallées et les montagnes qui jalonnent votre quête sacrée, tous vous aurez sans cesse à faire face à de nouveaux aspects de vous-mêmes. Il peut vous sembler que ce que vous vivez découle des gens ou des circonstances, mais vous êtes seuls dans cette quête, car vous êtes les créateurs de la totalité de votre expérience de vie. Nous vous avons expliqué que vous pouvez mesurer vos progrès par le type de personnes que vous attirez dans votre réalité. Si persistent les conflits, le sentiment de n'être pas à la hauteur, les luttes de pouvoir, la peur, le manque ou la contrainte sous n'importe quelle forme, alors il est clair que vous émettez toujours ces énergies à divers degrés. Par vos pensées, vos actions et vos comportements, ou par les fréquences vibratoires que vous projetez au jour le jour, vous créez ce que vous allez vivre la semaine suivante, le mois d'après et dans les années à venir.

La voie que nous vous indiquons ne représente pas une tâche insurmontable. Nous avons décrit cette approche à maintes reprises. Souvenez-vous de renoncer au passé, de fixer des objectifs pour l'avenir et de vivre au présent. Assimilez les lois universelles de la manifestation et faites-y appel ; *apprenez à vivre chaque jour en tant que maîtres* ; pratiquez le souffle d'infini jusqu'à ce qu'il devienne une seconde nature et passez fréquemment au point zéro de la Création. Par ailleurs, exercez-vous à passer à un état alpha superficiel jusqu'à ce que vous preniez l'habitude d'opérer à des fréquences cérébrales plus basses. À mesure que vous « centrerez » votre pensée et égaliserez les deux hémisphères du cerveau, vous passerez au spectre qui vous convient le mieux et opérerez à partir de celui-ci. En vue d'épanouir pleinement votre potentiel créatif, vous devez avoir accès aux deux hémisphères cérébraux et vous en servir. Si vous perfectionnez cette méthode, votre santé s'améliorera, vous subirez moins de stress, la vie vous paraîtra ainsi plus agréable.

Depuis l'événement du 11 septembre 2001, d'autres atrocités se sont produites un peu partout dans le monde ; nulle nation n'est exempte de faute. D'une certaine manière, la conscience collective de l'humanité s'est enfoncée un peu plus dans le sentiment de séparation, la peur de la violence et l'angoisse par rapport à l'avenir. Cependant, une autre bande de conscience collective humaine prévaut peu à peu, qui croît en force de manière exponentielle au jour le jour. Cette couche de conscience est imprégnée d'amour inconditionnel, d'espoir, d'un désir de paix et d'harmonie parmi les hommes. Nous vous assurons que cette seconde bande, toute de Lumière, est en voie de vaincre la première et de conquérir les ténèbres de la peur et de la séparation. Soyez certains que la marche du cosmos et son plan de ramener la conscience supérieure, est bel et bien entamée et ne sera pas retardée ni interrompue.

Chacun de vous est engagé à fond dans sa quête sacrée, mais isolément : il s'agit d'une entreprise individuelle.

Néanmoins, collectivement vous tendez tous vers la même issue ou une destination unique : *le retour au caractère sacré d'une coexistence pacifique et harmonieuse.* Mes intrépides amis, nous savons ce que signifie de se dorer à la perfection de l'amour/Lumière du Créateur. Vous ne faites que commencer à comprendre, et la soif en vous s'accroîtra et se fera plus impérieuse à chaque étape subséquente de votre quête sacrée. Au début, nos rapports étaient immaculés et nous étions finement accordés les uns aux autres. Ensemble, nous revenons lentement mais sûrement à ce merveilleux état d'unicité. Je suis votre ami, votre compagnon constant.

JE SUIS l'archange Michaël.

2

Êtes-vous disposés à servir d'émissaires angéliques

Maîtres bien-aimés, récemment, nous vous avons incités à imaginer que vous évoluiez dans les dédales subtils d'âges révolus et que vous transmutiez au passage les souvenirs négatifs tout en vous déplaçant sur une spirale ascendante en direction du futur. Puisque le phénomène d'ascension vers les royaumes supérieurs gagne du terrain, nous allons retourner au début, soit au moment de votre descente dans la matérialité, afin que vous compreniez mieux ce qui se passe ici-bas et en vous à l'heure actuelle.

La Bible explique que vous avez été créés à l'image de Dieu, et c'est vrai. Vous avez été projetés depuis le cœur de notre Dieu père/mère, sous la forme de purs Esprits faits d'une substance complètement lumineuse et adoptant une multitude de proportions, de silhouettes et de couleurs. C'était là une réplique, infime mais parfaite, d'une facette spécifique de notre Créateur – que l'on pourrait nommer « lignée ancestrale originelle ». Plusieurs éons plus tard, lorsque l'on vous a convoqués depuis les confins éloignés de l'omnivers en vue de participer à l'expérience qui se tenait sur cette planète, il vous fut nécessaire de descendre au travers des nombreuses strates de la Création pour vous incarner dans une forme physique.

Alors qu'on préparait la Terre à accueillir les populations humaines, vous – souvent appelés « semences d'étoiles » – êtes venus les premiers afin d'adapter les lieux en fonction des « Saints Innocents » qui allaient suivre. Pour cette traversée des divers royaumes, vous habitiez une sphère dorée de Lumière christique remplie de radiation divine. Cet ovocyte lumineux portait aussi les encodages des formes-pensées et des semences électromagnétiques qui allaient servir à la création d'espèces adamiques spirituelles et physiques sur Gaia.

À l'époque, la géosphère résonnait sur les fréquences des strates inférieures de la cinquième dimension – généralement qualifiée de « septième ciel » –, et sur le septième plan de la quatrième dimension. Le soleil était déjà en place, réchauffant la flore et la faune produites récemment, brillant sur les majestueuses montagnes, les plaines verdoyantes et les immenses étendues d'eaux argentines. Sur terre, les vastes surfaces d'eau offrent la représentation la plus approchante de la vie dans les dimensions supérieures : fluide, cristalline, scintillante, reflétant la Lumière qui nourrit et dynamise tout ce qu'elle touche. Autrement dit, c'est là l'élixir de vie.

Le plan impeccable du Créateur exigeait que vous, semences d'étoiles, descendiez en ce monde dans vos sphères de Lumière dorée et vous immergiez dans les mers. Vous y êtes demeurés plusieurs millénaires afin de vous accorder à ces lieux inconnus et d'infuser les eaux du schème divin pour la forme humaine, soit le tissu éthérique doré, le corps émotionnel, le corps mental, et pour finir, la forme physique de la race humaine.

Quand l'âge d'or de la Lémurie débuta – à l'époque où les âmes des Terriens commençaient à prendre forme physiquement –, vous, leurs gardiens, les immergiez dans les eaux afin qu'elles s'acclimatent aux fréquences de la planète. L'élément eau représente la nature émotionnelle, et là, dans les eaux vivantes, celles-ci se mirent à façonner leurs véhicules émotionnel et physique.

Vous n'avez pas été créés à partir de poussière, amis inestimables, mais de l'essence de la Terre : de ses eaux infusées de Lumière divine et des formes-pensées de votre schème divin et de la substance cosmique primordiale. Peu à peu, au fil de plusieurs millénaires, vous avez échafaudé une forme physique afin d'y abriter votre Esprit. Aux tout premiers débuts, vous pouviez respirer sous l'eau, puisque vous absorbiez l'essence de Dieu qui anime la vie. Plusieurs parmi vous rêvent aujourd'hui qu'ils respirent sous l'eau – il s'agit, chères âmes, de souvenirs de ces époques révolues.

Comme vous le découvrez maintenant, nombre de vos mythes et légendes religieuses comportent une part de vérité. Vous êtes effectivement issus des eaux, non pas en tant qu'amphibiens cependant, mais comme êtres humains et spirituels. Les créatures amphibies qui émergèrent des eaux suivirent leur propre voie évolutive et se développèrent pour devenir des animaux terrestres ; l'évolution de l'humanité a pour sa part emprunté un chemin bien distinct.

Les baleines et les dauphins sont de merveilleuses semences d'étoiles ayant consenti à demeurer auprès de vous pour revivifier et mettre constamment à jour les encodages de l'eau. Il n'est pas étonnant que vous présentiez une telle affinité avec ces magnifiques animaux et que les océans et les lacs exercent sur vous une si grande fascination. Rien n'apporte un tel sentiment de liberté, de joie, de guérison et de régénérescence que de nager dans l'eau. Il n'est pas surprenant non plus d'entendre à ce jour que l'eau est l'un des premiers éléments susceptibles de vous maintenir en bonne santé.

Votre corps se compose principalement d'eau : vous êtes partie intégrante d'une biosphère à caractère aqueux.

Saviez-vous que le rituel du baptême symbolise le retour au lieu où vous vous êtes d'abord accordés au plan terrestre et où vous étiez immergés dans les eaux vivantes porteuses des fréquences activant votre schème divin ? Il s'agit d'un rite représentant le retour aux débuts immaculés de votre séjour en ce monde, une purification suivie d'une renaissance.

À l'ère de la Lémurie, une immense mer intérieure couvrait une région à l'est de la cordillère de la sierra Nevada, sur la côte ouest des États-Unis. Récemment, ce qui reste de cette mer fut nommé lac Pyramid en raison d'une formation rocheuse ayant l'apparence d'une pyramide sise près de son rivage oriental. Ce lac est aujourd'hui localisé dans une réserve amérindienne ; il jouit d'une réputation sacrée et mystérieuse. C'est là un autre mythe fondé sur la réalité, car ce lac minuscule est tout ce qui reste des eaux sacrées où de nombreuses âmes venues sur terre passèrent joyeusement leur temps à s'adapter au monde matériel – ces mêmes eaux où vous êtes descendus dans des sphères de Lumière pour entamer votre séjour ici-bas. Ce lac exquis, situé au centre d'un désert aride, enchante tous ceux qui l'aperçoivent une première fois. Il éveille fréquemment des souvenirs sentimentaux chez les personnes qui y font excursion, sans toutefois que celles-ci comprennent pourquoi. Mes paroles éveillent-elles un souvenir profondément enfoui en vous, bien-aimés ? Elles seraient censées y réussir, car plusieurs des lecteurs qui parcourent ces lignes s'y trouvaient.

Un autre lac bien connu, le Titicaca, situé à la frontière entre le Pérou et la Bolivie à une hauteur d'environ 3 800 mètres, jouait le même rôle ; il a toujours été considéré comme un puissant vortex spirituel. C'est l'un des lieux de prédilection de la déesse et un point focal majeur augmentant l'influx de son énergie.

D'autres étendues d'eau sacrées existent autour de vous. Ces eaux ont surtout préservé leur pureté et attirent à elles les gens pour les rafraîchir et les revitaliser. Comprenez-vous pourquoi il est crucial de garder propres vos océans et vos lacs ? Ce sont vos chemins de retour à la maison, bien-aimés.

Pour illustrer notre explication des événements de l'heure, nous allons recourir au mouvement incessant des marées. Le rythme cardiaque de votre soleil et celui du Grand Soleil Central s'intensifient peu à peu, car ils émettent des pulsations d'énergie cosmique de plus en plus puissantes. Vous ressentez les mouvements de cette énergie, qui influe sur chaque personne, peu importe son degré de compréhension. Des joyaux de conscience supérieure s'activent à l'intérieur de votre corps et de votre cerveau – une infusion de fréquences lumineuses provenant du mental universel et qui vous affranchit, vous et la Terre, des patterns vibratoires inférieurs du karma et de la troisième dimension. À marée basse (lorsque les pulsations sont au plus bas), vous éprouverez peut-être chacun un sentiment de dissociation, une vague dépression, un manque de dynamisme et l'envie de dormir davantage ; vous vous sentirez déphasé. À marée haute (lorsque l'énergie cosmique s'intensifie), vous vous sentirez plus puissant, plus optimiste, tout semblera couler de source, vos aptitudes créatives s'épanouiront et vous vous sentirez plus sensible aux murmures de l'Esprit. Prenez conscience des signaux que votre véhicule physique vous transmet.

Nous avons également décrit comment amener à vous un maximum d'énergie christique à partir de votre présence JE SUIS, comment l'amener à tournoyer dans votre corps et l'orienter dans la Terre pour ensuite la faire remonter vers votre centre de puissance au cœur/plexus solaire et la diffuser partout dans le monde. En vous livrant à cet exercice, vous rendez un immense service à la race humaine et à la géosphère, mais permettez-moi d'y ajouter quelques éléments. Comme votre champ aurique s'est énormément étendu, plusieurs souffrent de vertiges ou d'étourdissements, ou se sentent déconnectés. Un jour, votre champ aurique se déploiera sur une grande distance autour de vous et guérira, alimentera, bénira tout ce qu'il touche. Mais vous n'en êtes pas encore là, chères âmes. Nous vous suggérons d'imaginer, chaque matin ou soir, à votre guise, que votre aura se rétrécit autour de votre corps, à moins de deux mètres. Si vous vous sentez toujours en déséquilibre, ramenez-la à un mètre. *Cet ajustement s'opère par l'intention. Pour vous représenter votre aura, imaginez un nuage coloré étincelant autour de vous (de quelle couleur est-il ?) et visualisez que ce nuage se resserre, s'intensifie et vous protège davantage tout en vous enveloppant et en augmentant votre pouvoir.*

Vous, semences d'étoiles, secondez activement le processus d'avancement collectif des âmes, le phénomène d'ensemencement d'une espèce galactique inconnue – une nouvelle genèse. Vous en êtes les éclaireurs et évoluez à un rythme que nous n'aurions jamais cru possible. Voilà pourquoi nous vous prions de vous montrer tolérants envers vous-mêmes, bien-aimés. Une pléthore d'informations s'offre à vous, si bien que vous êtes confus et ne savez plus à quoi vous en tenir. C'est dans ces circonstances qu'il est opportun de vous tourner vers l'intérieur pour prêter l'oreille à la sagesse de votre Soi supérieur. Vous recevrez peut-être des impulsions, de l'information non verbale sous forme de lumière, de symboles colorés ou de motifs géométriques que vous devrez télécharger et filtrer par l'entremise de vos facultés cérébrales.

L'art des télécommunications ou de la télépathie avec les royaumes supérieurs se répand, puisqu'un nombre croissant d'entre vous activent les glandes maîtres de leur cerveau – les glandes pinéale, pituitaire et l'hypothalamus –, de même que ses parties liées aux dimensions supérieures. Plus communément nommée *channeling*, la télépathie n'est rien de plus qu'une bande de fréquences – de l'information sous forme de faisceaux lumineux – diffusée, depuis une source invisible, le long d'un conduit menant au cerveau d'un récipiendaire à l'écoute. Plus la personne est réceptive, plus grande sera la quantité d'information reçue et l'intensité des signaux, des messages entrants. Soyez attentifs à toute instigation, même si elle paraît insignifiante, de la part de l'Esprit, car il s'agit d'un portail menant à des trésors de connaissances.

Je prie maintenant chacun de prendre un engagement, celui de servir d'émissaire angélique véritable. Êtes-vous disposé à permettre aux puissants archanges dans cette galaxie de vous infuser toute la gloire de leurs vertus et de leurs attributs ? Êtes-vous prêt à recevoir l'infusion de Lumière vivante de notre Dieu père/mère, à la diffuser à tous ceux que vous rencontrez et à la faire rayonner depuis votre cœur, votre âme, vos yeux, et dans vos gestes ? Le temps d'absorber, d'intégrer, de transformer et de transmuer doit désormais s'accompagner d'une projection, d'une diffusion vers l'extérieur des fréquences raffinées que vous portez en vous.

Voici une autre image pour vous aider à mieux comprendre. Voyez une grande pyramide de Lumière formée sur le plan éthérique, au début de ce siècle. Imaginez maintenant les âmes, une à la suite de l'autre, réclamant leur droit divin en tant que maîtres et cocréateurs auprès de Dieu et passant dans le cercle de Lumière à l'intérieur de la pyramide. À mesure que le premier étage s'emplit à capacité, les âmes à ce niveau passent à l'étage subséquent afin de faire de l'espace aux nouveaux initiés. Avec l'élévation, les étages rapetissent et, par le fait même, ceux du haut ne peuvent contenir le même nombre d'âmes. C'est ainsi que les choses se sont déroulées depuis les quelques dernières années, à mesure que vous évoluiez, initiation après initiation, vers les sommets de la pyramide de Lumière. Certains d'entre vous s'approchent de la cime, ou sont prêts à pénétrer dans la pointe de Lumière, à devenir des phares pour le monde entier et à faire savoir partout dans le système solaire et la galaxie que le passage sacré de la Terre et de l'humanité progresse résolument.

Encore une fois, je sonne l'appel de clairon à votre intention, mes bien-aimés guerriers de la Lumière. Je vous offre le bouclier de Michaël ainsi qu'une réplique de mon glaive de Lumière, qui servira à trancher tout cordon énergétique obscur vous rattachant encore à la dimension illusoire.

Mes frères et sœurs archanges attendent aussi que vous vous engagiez. Invoquez-les lors de vos méditations ; ils se révéleront à vous et vous accorderont un symbole de leur amour, des attributs spéciaux et la sagesse.

Je vous donne ma force et ma protection ; La sublime Archaii*, dame foi, vous offre le don de la foi en vous-mêmes et la volonté de créer de nouveau transmise depuis le cœur du Créateur. À titre d'élus, vous êtes bénis, infiniment.

JE SUIS l'archange Michaël.

* Archange féminin associé au premier rayon.

3

Mettez-nous à l'épreuve

Maîtres bien-aimés, je viens à vous en ce jour animé d'un sentiment de profonde gratitude et d'amour envers chacun. Depuis plusieurs éons, nous avons accompli ensemble ce voyage dans le vaste néant, car nous cherchions à exprimer et à manifester les facettes complexes de notre source créatrice sous une multitude de formes. Vous avez à maintes reprises prouvé votre résistance, votre ténacité et votre dévouement à la mission même si, la majeure partie du temps, vous aviez oublié qui vous étiez vraiment et la raison pour laquelle vous aviez consenti à fragmenter à ce point votre merveilleuse identité. Rapidement, vous rassemblez et intégrez les nombreuses parcelles de votre être ; vous progressez au fil du périple phénoménal de la réunification, du retour à l'Esprit au cours d'une incarnation humaine.

Il est temps de vous souvenir de la raison de votre venue ici, du motif de votre emprunt d'un véhicule terrestre. Il est temps de vous souvenir que la Terre n'est pas votre chez-vous. Êtes-vous prêts à accepter le fait que votre être est une extension, une étincelle, une facette bénie du Créateur douée du potentiel d'être ou de devenir tout ce que vous pouvez imaginer ? Êtes-vous prêts à étendre votre vision pour qu'elle transcende les circonstances ordinaires de votre quotidien et englobe votre nouvelle réalité, à mesure que vous engendrez plus d'harmonie, d'amour et de joie au sein de votre monde ? Vous n'êtes capables que d'une pensée à la fois. Si vous vous focalisez sans relâche sur une seule chose, une seule idée, alors celle-ci se concrétisera ; pourquoi donc ne pas oser rêver de votre potentiel le plus élevé et le développer ? Peut-être trouverez-vous sans cesse des excuses en raison de votre peur de l'échec. Mais vous n'échouerez que si vous ne saisissez pas l'occasion de pénétrer dans l'inconnu. Êtes-vous disposés à adopter une nouvelle manière de faire ? À mettre nos enseignements à l'épreuve ? Tout ce que vous êtes en mesure d'envisager, vous pouvez le réaliser. Vous êtes des cocréateurs ayant pris forme humaine et vous avez reçu l'ordre céleste d'aller de l'avant et de créer au nom du Créateur suprême. Ne consentirez-vous pas à ce que nous collaborions avec vous et vous aidions à devenir ce à quoi vous aspirez tant : des messagers cosmiques vibrant à la fréquence la plus élevée qui soit ?

Vous devez avant tout découvrir votre passion, ce qui vous apporte la plus grande satisfaction, la plus grande joie. Pourtant, plusieurs d'entre vous n'ont pas la moindre idée de ce que cela pourrait être. Nous vous incitons à commencer par éliminer les facteurs de stress de votre vie, ce qui vous cause de la souffrance et que vous redoutez. Vous n'êtes pas devenus ce que vous êtes en un jour, une semaine ou une année. Vous pouvez toutefois retrouver votre identité nantie de pouvoir, magistrale, beaucoup plus rapidement que vous ne le croyez. Au cours des dernières années, nous vous avons accordé nombre d'outils, de techniques et d'informations ; il faut désormais vous engager et confirmer que ces outils magiques sont effectivement ce que vous cherchiez. Nous l'avons répété à maintes reprises, vous devez transformer la connaissance en sagesse ; il vous faut prendre conscience que ces choses sont authentiques et vérifiables. Cette prise de conscience survient lorsqu'un fait apparaît limpide à votre esprit et que vous « savez » que c'est là votre vérité et qu'il vous faut la mettre en pratique. La connaissance/sagesse teintée d'amour/compassion, accompagnée d'une intention et d'une action focalisées, produiront ce pouvoir qui détient les clefs du grenier universel où repose le potentiel non manifesté qui, lui, n'attend que vous le façonniez à votre guise. Voilà ce que vous réserve le monde tout neuf de demain.

La responsabilité première et capitale repose sur vous-mêmes puisque vous tentez d'incarner intérieurement davantage de substance divine en éliminant les schémas énergétiques négatifs désuets accumulés au cours de votre périple dans la densité. La maîtrise sur soi représente un processus sans fin, un perpétuel devenir où vous apprenez à intégrer un peu plus des vertus et des attributs de notre Dieu père/mère. Ce processus exige de rester constamment vigilant et de s'exercer sans relâche, mais les rétributions sont innombrables. Lorsque vous vous efforcez d'améliorer votre monde, tous en bénéficient. Le paradis du nouvel âge a vu le jour il y a plusieurs années ; cette vision était animée seulement par quelques âmes intrépides et se développait à l'époque par de petites améliorations. Aujourd'hui, le paradis s'étend, s'épanouit de manière exponentielle, les vagues du changement acquièrent de la force et s'amplifient, car un nombre croissant de gens s'embarquent et ajoutent leur amour/Lumière, leur expérience et leur sagesse à ce tout. Quand vous devenez le maître de vos pensées, vous orientez délibérément votre énergie et faites appel à la sagesse glanée de l'expérience passée et de votre Soi supérieur ; vous moulez ainsi votre environnement et votre destinée.

Un potentiel énergétique vous entoure et rayonne en un symbole d'infinité au-dessus, au-dessous, devant et derrière vous. Ce que vous pensez et ressentez produit un schéma vibratoire qui émane de votre personne et attire à vous des énergies, des situations et des individus qui ont une affinité avec cette résonance vibratoire. Modifiez vos pensées, votre énergie ou profil vibratoire, et vous transformerez par le fait même votre univers. Lorsque vous appréciez la beauté et l'opulence qu'offre la Terre, vous mariez le plan physique aux aspects mystiques ou spirituels en vous et goûtez la splendeur, les merveilles et la magie des royaumes supérieurs.

Autour de vous se trouvent un tétraèdre stellaire et des champs tourbillonnants qui se consolideront et s'étendront à mesure que vous construirez et consoliderez la passerelle arc-en-ciel ou la colonne cristalline qui vous relie à votre Soi divin, ou présence JE SUIS. Au fil d'éons, cette colonne s'est amenuisée au point de n'être plus qu'un fil ténu chez la plupart des gens, leur procurant à peine assez de force vitale pour les garder en vie. En évacuant les distorsions, vous recevrez des quantités croissantes de Lumière du Créateur et rétablirez ainsi votre rapport avec les multiples parties de votre Soi étendu.

La lumière, le son et la couleur servent à la guérison, à l'expansion et à l'intégration de vos Soi multidimensionnels. Vous venez tout juste de vous rappeler et d'apprendre à employer quelques-uns des principaux outils de la maîtrise qui appartiennent à votre nature divine et à votre héritage. Les encodages de l'ADN ou génétiques en vous portent un ton, ou une résonance, soit un amalgame harmonique parfait de vibrations sonores qui vous assureront bonne santé, vitalité et longue vie si leur état originel n'est pas altéré. Certaines expériences ont transposé l'ADN humain en musique ; bientôt, on en saura plus sur la maladie, car un nombre croissant de recherches reconnaissent le rôle des harmoniques du son et des schémas vibratoires au sein du véhicule humain. Il sera bientôt prouvé que le *toning* et l'usage d'harmoniques sont aptes à guérir plusieurs symptômes reliés à des troubles ou des maux qui affligent les humains ; ces méthodes ont pour effet de redonner équilibre et harmonie à votre ADN, ainsi qu'à vos corps éthérique, émotionnel et mental. La géométrie cellulaire est encodée à l'intérieur du système des chakras. Vous êtes en voie de rétablir la réplique holographique exacte de votre être multidimensionnel. En rétablissant l'équilibre harmonique de vos chakras, vous exploserez en des sphères lumineuses tourbillonnantes et cela activera l'ouverture des sept sceaux de la conscience de Dieu. Partant, votre système de chakras se transformera en une colonne lumineuse qui s'élèvera le long de l'épine dorsale, jusqu'au sommet de votre tête.

Ce processus développe la passerelle arc-en-ciel qui, pour finir, vous reliera de nouveau à la vastitude de votre Soi-Dieu. Tous, vous vous situez à l'une ou l'autre phase de ce processus. Sachez que l'époque en est une de bouleversements où tout ce dont vous dépendiez autrefois se modifie, change et va même parfois jusqu'à disparaître. Que vos sautes d'humeur excessives et le sentiment que vos vieilles croyances et vos frontières s'effondrent appartiennent au processus transformationnel accéléré qui a cours présentement. Une minute, vous êtes extatiques, dans un état de quasi-béatitude, mais tout de suite après, vous vous sentez vulnérables, assaillis de doutes ou, encore, vous succombez au désespoir, à la tristesse, à la colère ou à la dépression. N'oubliez pas que nous vous avons demandé de chevaucher les vagues du changement, de prendre plaisir aux « hauts » et de consentir à traverser des « bas » comme observateurs. Des énergies incrustées et des souvenirs centraux douloureux et négatifs jaillissent des profondeurs afin d'être évacués ou transmués en une substance lumineuse neutre ;

ainsi, les espaces laissés vides peuvent être emplis de vivifiantes cellules adamantines du noyau divin du Créateur.

Le temps et l'espace tels qu'on se les représente depuis les derniers dix mille ans se transforment aussi, devenant plus fluides. Plusieurs d'entre vous sont anxieux de connaître ce qui se passera en 2012, l'année où il a été prédit que la vie disparaîtrait sur terre. Permettez-nous d'apaiser vos craintes et de satisfaire votre curiosité, bien-aimés ; sachez que, déjà, règnent les énergies de 2012. Le monde jusqu'ici connu a cessé d'être lors de la catastrophe du 11 septembre 2001. Vous devez impérativement comprendre que des changements radicaux surviennent dans l'univers et pas uniquement sur votre planète. Votre galaxie connaît une importante expansion et chaque système solaire de la Voie lactée se déplace rapidement sur la spirale de l'évolution. Chaque être, chaque chose de cet univers est en expansion ; l'on peut dire qu'il s'agit d'un processus de combustion interne ou d'une pulsation qui force à faire surface tout ce qui n'est pas en harmonie avec les énergies raffinées de la Création supérieure. À chaque niveau, les énergies négatives des dimensions inférieures sont remontées à la surface de manière à être transformées et ramenées à des fréquences de Lumière plus harmonieuses.

Vous êtes persuadés que seuls le soleil et ses explosions déclenchent les comportements imprévisibles de votre climat. C'est partiellement vrai, car il ne s'agit là que d'un facteur parmi d'autres provoquant ce qui se passe sur terre. Les devas et les élémentaux, une fois de plus, prennent une part active à la guérison et à l'équilibrage des éléments sur la planète. Une fois que la Terre aura retrouvé son équilibre, les ouragans, les tornades, les tremblements de terre et les inondations cesseront. Ils seront alors superflus. Le large spectre de dualité tire à sa fin, car le pendule cosmique oscille de plus en plus près du point d'équilibre, ou point zéro de la Création. Votre réalité en sera une de polarité longtemps encore, mais vous vivrez des changements radicaux. Vous reconnaîtrez et savourerez le caractère unique et les attributs spéciaux des opposés en votre monde : lumière et ténèbres, énergies positives et négatives, polarité masculine/féminine, ainsi que les milliards de variations présentes sur cette sphère d'existence. Vous en viendrez à comprendre que tous les états, tous les degrés de la Création font partie intégrante du Tout. L'humanité se montrera plus tolérante et en viendra même à apprécier la diversité qui foisonne sur cette planète. À mesure que les retrouvailles entre les multiples branches de votre famille spirituelle prendront un rythme accéléré, vous expérimenterez ce que l'on pourrait appeler une fusion des souvenirs et des expériences. « Fusion » signifie que vous incorporerez ceux qui appartiennent à votre groupe et que ses membres assimileront les vôtres également. Vous serez capables de puiser dans leurs expériences et leur sagesse, et eux, dans les vôtres. Si vous avez construit votre pyramide de Lumière/pouvoir dans la cinquième dimension, et si vous l'employez, vous n'aurez plus jamais à vous sentir seuls ou dissociés de votre source. Vous pouvez vous y rendre en tout temps pour invoquer l'aide de votre famille spirituelle et de vos guides angéliques, et vous plonger dans l'élixir raréfié de l'amour du Créateur. Encore une fois, nous vous enjoignons de mettre nos enseignements à l'épreuve.

Montrez-vous assez courageux pour prendre en main votre vie. Concentrez-vous sur ce que vous souhaitez créer et prenez les mesures qui s'imposent avec résolution et persistance, tout en vous montrant flexibles, et souples. Détournez votre attention de ce que vous ne voulez pas et portez-la sur ce que vous désirez engendrer. Vous ne « devenez pas riches », vous permettez simplement aux trésors de l'existence de déferler vers vous et par vous. L'univers tente sans cesse de faire pleuvoir l'opulence sur vous, l'opulence dans toutes ses formes. Celle-ci est invariablement à votre disposition, mais vous avez érigé des barrages qui la mettent hors de votre portée. L'abondance est un état d'esprit. Il faut ouvrir votre esprit, votre cœur et vos bras afin de l'accueillir – abondance de santé, d'amour, de joie, de créativité, de paix. Vous devez apprendre à vivre et à aimer librement, à jouir de la spontanéité de la Création. Vous prenez la vie trop au sérieux et croyez qu'il faut lutter, travailler dur pour concrétiser vos désirs. Une fois que vous saurez puiser dans le courant universel d'abondance, la vie deviendra une danse où vous goûterez tout ce que vous accomplissez. La porte d'un avenir prodigieux est grande ouverte, bien-aimés. Ne la franchirez-vous pas ? Nous vous attendons de l'autre côté. Que la Lumière du Créateur et de prospères bénédictions affluent dans votre vie.

JE SUIS l'archange Michaël.

4

Votre Lumière illuminera le monde

Maîtres bien-aimés, veuillez prêter attention à nos paroles, car elles sont d'une importance capitale. Vous êtes au cœur de bouleversements que, depuis des siècles, sages, messagers et visionnaires avaient prophétisés. Ces prédictions ne se déploient pas selon les scénarios prévus à l'origine, mais il s'agit bien de la fin des temps, comme vous le saviez. En revanche, la manière dont se déroule cette transition est à la hauteur des participants – vous et l'humanité tout entière. Plusieurs d'entre vous ont fidèlement gardé le cap ; nous avons travaillé intensivement en coulisse à mettre en œuvre tout ce que les lois autorisent, afin de faciliter cette transition et de contrecarrer le conflit, la douleur et le chaos. Il est plus important que jamais que vous demeuriez en votre centre de puissance, que vous projetiez l'amour inconditionnel de ce centre de puissance solaire (la région comprenant la gorge, le thymus, le cœur et le plexus solaire, siège de l'essence du Créateur). L'amour est un pouvoir en soi, puisqu'il porte l'essence de la Création, et toute énergie infusée de cette essence est transmuée en modèles fréquentiels plus raffinés, ou d'un degré plus pur. Voilà l'alchimie divine qui sauvera l'humanité et votre monde : le pouvoir de l'amour, de l'intention juste, de l'action juste.

Nombreux sont ceux qui ont perdu tout ce qu'ils chérissaient et qui ont été témoins de cataclysmes ayant récemment ébranlé la réalité du monde ; ces gens se tournent désormais vers l'intérieur pour y trouver réconfort et réponses. Mais une résistance s'oppose encore à ce qui ne se conforme pas à la norme généralement acceptée ou déroge des enseignements connus, des conditionnements et des croyances bien établies. L'un des catalyseurs de la peur est le changement, et en dépit du fait que les anciennes coutumes ou philosophies n'ont pas réussi à procurer la paix ou l'abondance, ni un environnement bénéfique, les êtres humains se cramponnent avec opiniâtreté à leurs idées, comme si un cataclysme ou une grave tragédie était nécessaire pour extirper la plupart d'entre eux de leur complaisance. En effet, de tels événements suscitent souvent le désir ou le courage de chercher des réponses en dehors de la zone confortable de leur réalité ou, encore, là où résident la sagesse et le pouvoir de la vérité du Créateur. Chaque âme sur terre, depuis la vibration la plus basse à la plus élevée, a accès à ce coffre aux trésors enfoui qui contient son droit de naissance et tous les prodigieux dons de la Création. Ces dons reposent, ensevelis au tréfonds de l'essence de l'être de chaque âme, et la clef permettant d'ouvrir ce coffre est l'amour inconditionnel envers soi-même et la Création tout entière.

Il est fascinant d'observer l'attitude mentale de ceux qui redoutent d'examiner objectivement ou de valider les idées apparemment radicales que vous, chercheurs spirituels en quête de Lumière, avez adoptées sans ambages comme votre vérité. Une foule d'individus déclarent, sans même y réfléchir, que la vérité infaillible réside dans l'information transmise depuis les deux mille dernières années par les sages, les devins et les prophètes qui, eux, l'ont reçue de messagers angéliques, de Dieu, du Créateur (peu importe son appellation) ou d'autres êtres nobles mais invisibles. Par ailleurs, ils ridiculisent, jugent néfaste, impensable, ou rejettent l'information disponible depuis les quelques dernières décennies et transmise à l'humanité à partir des royaumes supérieurs pour l'aider en cette ère de transition et d'évolution accélérées. Où est donc la différence ? En somme, on craint de miner le statu quo, on a peur de l'inconnu ou de tout ce qui semble radical ou susceptible de compromettre ce qu'on perçoit comme une zone rassurante de vérité. On redoute en outre tout ce qui exige d'assumer la responsabilité de ses actions et d'admettre, comme vérité, le fait qu'il n'y a aucun Dieu « là-haut » tirant les ficelles, accordant des faveurs ou portant des jugements. On appréhende des enseignements nouveaux qui font voler en éclats les superstitions et les dogmes du passé, et confirment l'existence de plusieurs voies spirituelles possibles menant toutes en fin de compte à l'unicité et à la conscience unifiée fondée sur l'amour, en accord avec le plan divin de notre Créateur père/mère.

Voilà pourquoi ce que nous exigeons de vous à l'heure actuelle est de la plus haute importance. Nous vous demandons de faire rayonner votre amour/Lumière encore plus brillamment qu'auparavant. De sortir votre Lumière du placard, où plusieurs l'avaient bien dissimulée pour éviter de se voir ridiculisés ou critiqués par leur famille et leur entourage, ou d'être perçus comme « différents ». Nous vous invitons à retirer votre Lumière du panier de la soumission et à vous ajuster au pouvoir afin que sa radiance brille et soit visible pour tous, balayant ainsi une large zone, tel un phare emplissant de Lumière les ombres et les embûches périlleuses afin que d'autres puissent trouver leur chemin au milieu des obstacles et des barrières de la peur, de la haine, de la culpabilité et de l'étroitesse d'esprit.

Nous vous prions d'examiner scrupuleusement ce monde que vous avez engendré et que vous estimez être votre réalité. Des millions de gens connaissent une abondance fantastique, jouissant de tout ce qu'ils pourront jamais désirer. Vous avez tant de biens, que vous ne savez qu'en faire, et possédez à l'excès des gadgets censés faciliter votre existence, vous procurer le bonheur. Ceux qui vivent dans les nations riches et puissantes ont une existence plus belle offrant d'infinies possibilités, mais sont-ils pour autant assurés du bonheur et de la plénitude ? Voyez comment votre quotidien a changé depuis la révolution industrielle et technologique : des inventions sont maintenant à la disposition de l'humanité – naturellement, il s'agit de faveurs accordées depuis les royaumes supérieurs et transmises par l'intermédiaire d'illustres penseurs. Grâce à ces inventions, une vaste proportion d'humains baigne dans le luxe et l'opulence. Pourtant, la plupart sont encore plus anxieux et malheureux, éprouvant une insatisfaction qu'aucune quantité ni aucun type de « choses » n'arrive à dissiper. Pourquoi ? Parce que l'essence de leur Esprit cherche désespérément à être reconnue, sentiment qui s'intensifiera tant et aussi longtemps qu'ils ne répondront pas à l'appel.

Il est plus facile de rendre les gens qui vous entourent – parents, partenaires, enfants, amis ou supérieurs – responsables de votre mécontentement et des nombreux symptômes de ce qui va de travers, que de blâmer les véritables responsables : vous seuls rejetant si fougueusement les exhortations silencieuses de l'Esprit. C'est tout à fait déplorable, mais vous devrez affronter la vérité : *vos angoisses, votre détresse et votre insatisfaction ne feront qu'augmenter, peu importe ce que vous tenterez afin d'y remédier, jusqu'à ce que vous soyez confrontés à vous-mêmes, à vos démons intérieurs et que vous reconnaissiez votre Soi-Esprit, détenteur de la clé donnant accès à toutes les merveilles auxquelles vous aspirez.*

Le temps tel que vous le connaissez s'accélère sérieusement et des changements radicaux surviennent partout, à un rythme hallucinant. Personne, nulle nation n'est à l'abri. Votre monde est devenu aujourd'hui beaucoup plus petit, et il est impossible de ne pas être au courant des chocs, des peines et des souffrances qui affligent votre famille humaine, la race humaine. Il faut en effet reconnaître que vous êtes tous dans le même bateau voguant vers l'inconnu. Ce qui touche l'un atteint le tout. Impossible dorénavant de vous isoler sur votre île, d'affirmer que tout va pour le mieux dans votre bulle de réalité et que ce qui se passe de l'autre côté du pays ou de l'océan est sans importance. Bien-aimés, ne vous laissez pas influencer ni manipuler par la peur et l'hystérie collective. Tenez-vous-en fermement à votre vérité et à vos convictions, une vérité que vous avez acquise avec difficulté, à tâtons, et au bout d'une longue traversée de la vallée du désespoir et de l'illusion.

La bonne nouvelle, c'est qu'un exceptionnel influx de particules lumineuses divines émanant de la Source sublime, notre Créateur cosmique père/mère, inonde la Terre et ses habitants. Il s'offre à ceux qui sont prêts et disposés à servir de réceptacles d'amour capables de contenir ces fréquences raréfiées d'amour/Lumière. Si vous consentez tous à devenir des phares lumineux et à vous joindre à nous pour irradier l'amour inconditionnel vers l'ensemble de la Création, nous vous aiderons à vous dégager des fréquences résiduelles et du conditionnement cellulaire. À son tour, ce dégagement accélérera la dissolution des membranes entourant votre ADN pour vous amener à d'autres chromosomes et à un niveau de conscience et de maîtrise plus avancé.

Permettez-nous de vous décrire visuellement et de vous enseigner une méditation qui facilitera votre ouverture à accéder à cette infusion d'énergie rare. D'abord, vous devez déclarer que vous emploierez ce don pour le bien suprême de tous et que vous désirez servir et aligner votre volonté sur celle du Créateur. Nous n'exigerons rien d'irréalisable de votre part, mes chers héros, et les rétributions que procurera le fait de défendre la cause du Créateur déferleront sur vous d'abord, puis rayonneront de par le monde.

Lisez ce texte jusqu'à ce que vous ayez assimilé l'exercice et que vous soyez en mesure de visualiser le processus. Fermez ensuite les yeux et permettez à vos assistants angéliques, ou à votre Soi supérieur le soin de vous prêter main-forte. Laissez la dynamique de votre respiration et les fréquences lumineuses couler doucement, intensément, partout dans votre corps.

Prenez une inspiration profonde et focalisez votre conscience sur le centre de puissance solaire (ou CPS). Peu importe la forme que vous lui donnerez, visualisez-le rempli des particules lumineuses de création. Respirez profondément et sentez l'énergie s'accumuler et s'élever le long de votre colonne vertébrale. Cette énergie immerge là où la colonne vertébrale rejoint la partie inférieure du cerveau ; cette région contient les centres nerveux régissant la respiration et la circulation, elle est reliée au chakra de l'ascension. L'énergie lumineuse la traverse et sort par l'arrière de votre tête pour former un arc qui s'élève à environ 15 centimètres au-dessus ; elle redescend, passe devant votre visage et pénètre le CPS à nouveau. Puis elle poursuit son parcours le long de la colonne vertébrale et sort par le chakra racine pour former un autre arc, remonter le long du corps et rentrer encore dans le CPS.

Ce souffle énergétique augmente en intensité, en luminosité et en puissance avec chaque respiration. Continuez à respirer profondément tout en visualisant ce signe d'infinité fait de Lumière/pouvoir dont l'arc s'étire de plus en plus loin au-dessus de votre tête et dans le sol, pour retourner au CPS à chaque cycle. Poursuivez l'exercice tant qu'il n'y a pas de malaise et soyez conscient que vous incorporez une quantité plus importante de ces précieuses particules de Lumière. Cette assimilation accélérera miraculeusement le nettoyage et le dégagement de toute énergie discordante dans le véhicule physique et comblera les espaces vides avec la substance lumineuse du Créateur. Vous accéderez de plus en plus aux formes-pensées appartenant aux dimensions supérieures de la nouvelle Création, les ancrerez dans votre réalité tangible et profondément dans le sol. Votre planète chérie bénéficiera grandement de ces dons que vous partagez avec elle. À son tour, celle-ci consolidera et harmonisera sa connexion avec vous et, ensemble, vous réaliserez la mission de votre Père/Mère en donnant naissance à un paradis sur votre planète natale.

Bien-aimés guerriers de la Lumière, le temps est venu de vous dresser et de prendre position. Une fois encore, je vous prie de répondre à l'appel du clairon qui résonne partout dans cet univers. Vous êtes prêts, venez tels que vous êtes – c'est ainsi que l'on a besoin de vous, exactement là où vous vivez, à partir de cet instant et à jamais. Vous rejoindrez les rangs des défenseurs de la paix et serez à la tête de la marche vers l'ascension. Il s'agit effectivement d'une période critique, mais aussi d'une époque de grand espoir et d'infinies possibilités. À travers nous, leurs émissaires et messagers, consentez que notre mère divine apaise vos craintes grâce à la sérénité de son essence aimante et que notre père omnipotent vous entoure de son champ de protection puissant.

Notre mandat divin consistait à garder le cap, auprès de vous, jusqu'à la victoire. Bientôt, vous aurez évacué les dernières énergies résiduelles de distorsion et nous nous retrouverons en de grandioses réjouissances. D'ci là, nous ne restons qu'à une pensée bienveillante de distance.

JE SUIS l'archange Michaël.

5

Le retour de la déesse – notre mère céleste

Maîtres bien-aimés, nous voilà au cœur même d'une époque fabuleuse longtemps espérée par nous. Vous aussi attendiez cet événement béni, même si vous n'en connaissiez pas la nature exacte. Depuis les quelques derniers millénaires, l'accent a été mis sur un Dieu de type paternel et vous avez tenté d'assimiler ses vertus et attributs principaux : le pouvoir, la volonté, la sagesse, la vérité et la bravoure. Il est temps désormais que la déesse, Dieu votre mère, rayonne de la plénitude de son amour, de sa compassion, de sa créativité, de sa sagesse partout dans l'univers ; chaque aspect de la Création sera touché et influencé par ce don merveilleux.

Tout comme vous êtes venus au monde en passant par la chaleur rassurante du sein maternel, nous émanons tous, en tant qu'Esprits, de la matrice de notre mère Dieu. Du mental de Dieu notre père est issu le désir, ou la volonté de créer, et leurs énergies unifiées nous ont projetés depuis le cœur/noyau de notre mère Dieu en des consciences individualisées, des expressions spirituelles d'une diversité si complexe qu'elle dépasse l'entendement.

Au fil des ans, nous avons expliqué comment les rayons de conscience cosmique ont modifié leurs couleurs et leurs fréquences et se sont accrus ou ont diminué d'intensité selon ce qui était requis à l'époque ou ce qui devait être appris à un point précis du passage de l'humanité au fil des âges. Vous avez aussi entendu parler du rayon doré qui représente et porte le rayonnement, les vertus et les attributs de notre Dieu père et du rayon argenté qui rayonne les vertus de notre Dieu mère. Nous vous l'affirmons aujourd'hui, ce rayon argenté ne constitue qu'une partie infime de son formidable pouvoir et de son rayonnement. À l'énergie inconnue qui déferle à l'heure actuelle sur la géosphère et l'être humain on a donné pour noms « rayon platine », « rayon adamantin » ou « rayon cristallin ». Peu importe comment vous la désignez, le terme ne peut parvenir à décrire la magnificence de ce don miraculeux accordé à la Création tout entière.

C'est le souvenir de cet amour parfait de votre mère Dieu auquel vous aspiriez durant toutes ces époques, amis valeureux. Un espace vide au tréfonds de votre cœur est demeuré douloureux, rien ni personne n'est parvenu à le combler. Il est temps que ce vide soit rempli à ras bord par son amour inconditionnel, sa compassion, sa force et sa pureté ; vous n'avez qu'à éliminer la carapace qui enceint l'écrin de votre cœur/âme et permettre à son éclat d'y pénétrer.

J'entends déjà les murmures en chacun de vos esprits, bien-aimés : « Mais en suis-je digne ? » Nous vous l'assurons : chacun d'entre vous, sans exception ni condition, en est tout à fait digne. Bien sûr, les lois universelles s'appliquent dans le cas présent, comme à tout ; elles détermineront, d'après vos fréquences vibratoires, la quantité de cette énergie que vous serez en mesure d'intégrer. Sans exception toutefois, celle-ci est à la disposition de tous ; une semence de cette potion d'amour raréfiée percera chaque cœur, chaque recoin et chaque facette de la Création. Il ne peut en être autrement.

L'époque se prête à la réunification à tous les niveaux, depuis le plus élevé jusqu'au plus bas, et c'est pourquoi les attributs, les aspects et les vertus de la mère Créateur représenteront la force dominante dans l'univers, et ce, jusqu'à ce que l'équilibre soit rétabli. Dans votre ADN sont encodés l'amour divin, la compassion et la créativité, de même que la force, la puissance et la volonté de créer transmises par nos parents spirituels. Le moment est venu de revendiquer et d'intégrer les bénédictions et les dons qu'ils vous ont accordés.

Nous avons souligné et tenté d'expliquer pourquoi tant d'entre vous se sentent parfois perturbés, éprouvent un malaise ou de l'incertitude, tandis qu'à d'autres moments ils jubilent, s'émerveillent et ressentent de l'anticipation. Certains nomment cet état « syndrome de l'artisan de la Lumière » ; c'est en effet l'expression juste. Ici encore, vous ne parvenez pas à saisir ce qui se passe en vous et sur votre Terre, de même que dans l'univers entier. Vous mutez, car vos brins d'ADN se délient et s'activent, et votre cerveau s'imprime d'un pattern inédit. Vous vous reconnectez également avec votre lignée cosmique, puisque vous franchissez les dédales du temps remontant vers les commencements lorsque vous avez éclos sous forme d'une conscience individualisée.

Visualisez d'abord la colonne de Lumière qu'est devenue (ou en train de devenir) votre colonne vertébrale et imaginez qu'elle plonge vers le noyau cristallin de la Terre ; observez ensuite la sensation amplifiée que vous éprouvez lorsqu'elle s'étend depuis le chakra de la couronne jusqu'à votre divine présence JE SUIS *à laquelle elle se connecte. Imaginez maintenant plusieurs autres petits faisceaux qui émanent à l'horizontale de votre colonne de Lumière, touchant et fusionnant avec des âmes individuelles incarnées sur le plan physique – votre famille stellaire ici, sur terre, près de vous. Ces projections d'énergie ne sont pas de la même nature que celles que vous avez autrefois émises vers les gens, dans la réalité tridimensionnelle. Elles constituaient alors des attachements et visaient à contrôler, posséder ou siphonner de l'énergie. Les rayons de Lumière que vous émettez aujourd'hui portent les vertus de l'amour inconditionnel et de l'unité.*

Contemplez le faisceau lumineux qui s'étend encore plus avant dans le système solaire ; il pénètre et fusionne avec chaque planète du système solaire avant de passer à d'autres constellations dans votre galaxie. Vous n'avez pas la moindre idée de l'étendue de votre expérience et du nombre d'aventures que vous avez vécues partout dans l'univers. Chacune fut enregistrée et tamponnée dans votre réservoir mnémonique et votre champ aurique. Les leçons correctement assimilées et les défis relevés avec succès attendent que vous vous inspiriez de la sagesse qu'ils ont à vous offrir.

Ne vous trompez pas : les planètes de votre système solaire, le soleil et la lune, ainsi que les éléments fondamentaux exercent une profonde influence sur vous. Au même titre que vous, ce sont des champs de force électromagnétiques qui contiennent et irradient des modèles fréquentiels – positifs ou négatifs – selon ceux auxquels vous êtes sensibles ou ceux que vous projetez. N'oubliez pas : comme nous l'avons souvent répété, vous êtes tous des champs magnétiques qui émettent des fréquences vibratoires. Ces modèles fréquentiels que vous projetez créent votre réalité et vous attirez invariablement ce qui correspond à votre degré de vibration.

L'astrologie est une science antique qui a acquis ses titres de noblesse. Au cours des siècles cependant, elle a été déformée et interprétée erronément. En dépit de ce que vous en pensez, les planètes de votre système solaire influent sur vous et sur la Terre. Comme l'idée vous paraît insensée, nous allons entreprendre un voyage imaginaire et vous verrez alors comment cela correspond à votre réalité. Fort probablement, il s'agit ici d'une vérité plus vaste mais vous êtes prêts à l'intégrer.

D'abord, voyez votre faisceau lumineux pénétrer dans l'aura de Vénus – non dans la planète elle-même, car à l'œil nu les astres paraissent déserts et arides. Imaginez plutôt que vous visitez les planètes dans les dimensions supérieures, là où elles sont luxuriantes, exquises, foisonnantes de vie. Lorsque vous avez entamé la fusion de l'Esprit avec la forme physique, Vénus fut l'univers que vous avez exploré afin d'apprendre l'harmonie, la dévotion, l'affection et le raffinement. Cette ravissante planète vous a permis de goûter le plaisir, l'aise et la sécurité avant d'effectuer votre descente sur terre. Ici-bas, ses énergies bienveillantes s'expriment souvent mal et prennent la forme de paresse, de gratification égoïste et de superficialité. Visualisez que ces traits désormais inutiles sont transmués en amour et en joie, et retrouvez les « valeurs » de votre nature spirituelle.

Maintenant, dirigez-vous vers Mercure, là où vous avez appris à raisonner, à analyser et à créer sur le plan physique, là où vous vous êtes tous exercés à employer votre faculté mentale pour manifester et créer la forme, le commencement de l'apprentissage conscient, de l'expression et de la communication par l'usage de la Lumière, du son et de la couleur. Faites-vous un mauvais emploi de ce que vous y avez appris, en vous livrant au scepticisme, à l'indécision, au sens critique ou à l'agitation ? En entreprenant votre voyage intérieur vers cette destination qui souligne le mental, visualisez que vous dégagez les patterns négatifs du passé et que vous récupérez votre droit divin de créer selon votre gré, grâce à la puissance de votre mental. Prenez l'habitude de solliciter ce qui apportera le bien suprême de tous et ce qui s'accorde à votre mission divine – alors, les forces cosmiques de création seront avec vous.

La destination suivante est Mars. Là, vous avez chacun échafaudé votre corps physique de désir et intégré la dynamique de l'expression de soi, de l'action et du pouvoir de la volonté qui allaient former votre côté masculin. Par votre désir et votre soif de créer, vous avez intégré les attributs spirituels qui vous rendent uniques. Vous avez également assimilé le courage, l'initiative, l'originalité et l'envie d'exprimer ces qualités en accord avec l'aspect féminin de votre nature émotionnelle – l'amour, la compassion et le désir de choyer. Êtes-vous disposés à évacuer les traits négatifs que vous laissez vous dominer – l'agressivité, l'égoïsme, la colère et l'impulsivité ? Seule votre permission est requise ; les processus de nettoyage et d'équilibrage se déclencheront lorsque vous parcourrez cette planète dynamique.

En vous rendant sur Jupiter, n'oubliez pas qu'il s'agit là d'un univers de possibilités, d'expansion, de foi et de valeurs morales. En ces lieux, vous avez compris ce que la Terre pourrait être et quelles perspectives vous étaient offertes en tant que cocréateurs du mental Dieu. Vous avez été infusés de l'envie de foncer, d'explorer et de créer d'une manière qui vous appartient, mais toujours en collaboration avec le Tout. Employez-vous mal les énergies de Jupiter en vous laissant aller, par exemple, à l'extravagance, à l'étroitesse d'esprit, à la complaisance ou au fanatisme ? Si tel est le cas, il n'est pas surprenant que vous engendriez la pénurie et la contrainte plutôt que la joie, la paix et l'abondance. Nous vous avons offert les outils permettant de surmonter ces traits négatifs, mais il faut vous en servir, chers amis. Vous avez une merveilleuse occasion de retrouver votre état de maître.

On a attribué des interprétations négatives à Saturne, mais c'est pourtant un lieu merveilleux et une grande bienfaitrice si on use correctement de ses énergies. À cet endroit, vous avez appris les lois universelles sur lesquelles moduler votre vie dans le domaine physique d'existence. Vous y avez aussi appris le sens de l'autodiscipline, de la retenue, de la responsabilité, et les lois de cause à effet. Les énergies de Saturne, lorsque mal utilisées, laissent place à la déception, aux retards, aux contraintes et au chagrin. Dans le cas contraire cependant, vous acquérez la compassion, la patience et l'humilité qui vous conduiront à la sagesse, ainsi que la capacité de tenir ferme et de mener une tâche à son terme, peu importe les obstacles rencontrés.

Nous n'aborderons pas ici les autres planètes de votre système, car nous les étudierons plus tard. Si nous nous sommes penchés sur les planètes mentionnées ci-dessus, de même que sur la lune et le soleil, c'est qu'elles seront en alignement direct à partir du 3 mai de l'année 2003. Cette configuration astrologique a fait couler beaucoup d'encre ; plusieurs prévisions à son sujet sont fondées sur la peur. J'aimerais en donner une autre interprétation. Ces planètes s'aligneront sur la Terre dans le Taureau, un signe que l'on juge fixe et qui est régi par Vénus, lieu de prédilection de la déesse. Imaginez cet alignement du soleil, de Mercure, de Vénus, de la Terre et son satellite la Lune, de Jupiter et de Saturne. Puis imaginez un immense faisceau lumineux provenant des confins de l'univers et émanant du cœur de notre mère Dieu ; celui-ci traverse les planètes et en recueille les attributs positifs pour les projeter à l'unisson vers chacun de vous et le noyau terrestre. Ce don béni perce votre cœur et s'y installe de nouveau. Il sème en vous les graines du souvenir de votre identité véritable et de la perfection que vous aviez emportée avec vous sur terre. Les vertus et les attributs en vous sont ravivés et attendent que vous y accédiez. Vous n'avez qu'à les réclamer et à vous en servir d'une manière positive, pleine de pouvoir.

Avant de mettre un terme à ce voyage, observez les rayons d'énergie que vous avez projetés. Ils font partie de vous et du rayonnement que vous retrouvez, et rejoignent votre famille stellaire des domaines supérieurs : les maîtres, les êtres angéliques et ceux avec qui vous avez de réelles affinités. Oui, voyez votre faisceau lumineux se relier et fusionner avec mon énergie et celle d'autres archanges, de même qu'avec celle de tous les grands êtres que vous connaissez et identifiez, et d'autres personnages dont vous n'avez aucun souvenir. Un temps viendra où vous serez prêts à vous unir, pleinement conscients, avec le cœur de notre Dieu père/mère ; mais ce moment n'est pas encore venu, bien-aimés. Pour l'instant, consentez à vous habituer à l'idée que vous êtes en train de devenir des êtres de lumière multidimensionnels.

Vous projetez votre essence, cet individu unique que chacun de vous est devenu, vers les royaumes des dimensions internes supérieures et le système solaire et la galaxie. Vous suivez le chemin qui vous appartient et vous mène à la maison, franchissant le passé en direction d'un avenir resplendissant.

Bien-aimés, lorsque les gens attribuent une connotation négative à un événement prédit, pourquoi ne pas lui donner une interprétation autre, envisager une possibilité différente ou un autre futur probable ? Demandez-leur de nous aider à atteindre l'issue la plus noble afin de pouvoir vivre cette transition vers la Lumière avec joie, facilité et en toute grâce. Nous voilà arrivés à une époque recelant des occasions en or ; ne perdez pas les dons qui vous sont accordés. Sachez que je suis auprès de vous tout au long de cette expansion en la Lumière et à mesure que vous réclamez la place qui vous revient en tant qu'enfants bien-aimés du Dieu père/mère.

JE SUIS l'archange Michaël.

Post-scriptum :

Chers amis, je suis vraiment ravie de ce qui se passe dans notre monde et autour de nous. En dépit des souffrances, des douleurs et des petits accrocs qui jalonnent le chemin, l'atmosphère est à l'enthousiasme et à la jubilation. Il semble que le seigneur Michaël nous réserve sans cesse des surprises. Il y a environ deux semaines, ce dernier m'a confié que le message du mois porterait sur l'énergie de la déesse, mais je n'avais pas vraiment conçu à quel point celui-ci serait profond. J'ai également eu la grande bénédiction d'être l'une de ses messagères et d'apporter ses messages au monde ; je lui en suis infiniment reconnaissante. Comme il est merveilleux de commencer à ressentir les connexions étroites qui nous relient à notre famille stellaire ! Il s'agit effectivement d'une époque fabuleuse sur terre. Je vous envoie à tous des rayons et des arcs-en-ciel afin d'illuminer votre voie. Que l'amour, la paix et la joie emplissent votre univers.

Ronna

6

Le retour de l'Esprit de la Terre Père

Maîtres bien-aimés, une fois encore, concentrons-nous sur l'expansion de votre conscience afin d'y incorporer la perception lucide de votre monde ainsi que celle de votre système et de votre galaxie. Le message précédent, *Le Retour de la déesse* vous a guidé au fil d'un voyage intérieur dans votre système solaire afin que vous puissiez connaître les énergies de ses planètes. Nous y avons visité Vénus, Mercure, Mars, Jupiter et Saturne sans aborder les autres astres, vous précisant alors que ceux-ci seraient étudiés ultérieurement. Le moment se prête aujourd'hui à une explication des énergies d'Uranus, de Neptune et de Pluton, car elles exercent une influence importante sur le cours des événements actuels.

Nous soulignons d'abord certains des changements radicaux qui touchent l'humanité et la Terre, et relèvent de ce processus transformationnel sans fin. Initialement, lorsque la Terre était en formation et se préparait à recevoir des populations, elle reçut l'âme d'un être important et très sage qui présentait un équilibre parfait des attributs féminins et masculins, et était doué de l'ensemble des vertus positives de la conscience du Créateur. Cet être, que nous nommerons Gaia – car c'est un nom que vous connaissez bien –, est demeuré dans cet état d'équilibre et d'harmonie absolus pendant des millions d'années. Puis survint une ère de graves cataclysmes durant laquelle l'humanité et sa planète entamèrent leur descente dans la densité. Les vices tels l'orgueil, l'envie, l'ambition, l'opiniâtreté et l'arrogance s'immiscèrent dans la conscience collective. Plusieurs Terriens se laissèrent alors piéger par de mauvais usages des énergies masculines, et cela prit la forme de colère, de guerres, de violence, de domination et d'un désir d'exercer un contrôle. Les énergies du premier rayon, rayon de la cause première porteur de la puissance suprême et du désir de créer, diminuèrent énormément sur terre, afin que l'humanité ne s'autodétruise pas et n'annihile pas la planète.

Pendant plusieurs millénaires, la race humaine fut sous l'empire de forces à caractère masculin. Votre monde fut dominé par les hommes, sous l'égide d'un Dieu patriarcal qui confinait les femmes et les énergies de la déesse de Création à une position servile, diminuée.

Dans le but de corriger ce déséquilibre, on pria Gaia de permettre à la partie masculine de son être de se retirer dans les domaines supérieurs afin que les énergies maternelles de la déesse irradient plus pleinement ses attributs, tels la tendresse, la compassion, l'humilité, la patience et, surtout, l'amour. Animée d'un désir de servir et d'un immense amour envers l'humanité, Gaia sut que c'était indispensable et s'y prêta de plein gré ; tout de même, la séparation engendra une grande tristesse. Avec le temps, la Terre devint « Terre mère », et sa contrepartie masculine devint « Ciel père », car cet aspect de l'être de Gaia avait été relégué aux dimensions supérieures.

Nous vous avons signalé que la déesse Créateur était pleinement revenue ici-bas et que les énergies, les attributs et les vertus de notre Créateur père/mère sont en voie de fusionner de nouveau. Le retour à la conscience d'unité s'accélère, tant intérieurement qu'extérieurement, et dans chaque facette de la Création. C'est pourquoi il est temps que les aspects, attributs et vertus du père de la Terre reviennent et s'unissent avec la Terre mère. Cela précipitera la naissance d'une nouvelle Terre qui sera, une fois encore, en harmonie totale avec toutes les facettes de la Création.

Sitôt que vous opérez à partir de l'énergétique des dimensions inférieures, vous tombez sous l'influence de vibrations qui prennent la forme des planètes personnelles de votre système solaire – la Lune, Vénus, Mercure, Mars, Jupiter et Saturne – et sous l'influence plus subtile des énergies raffinées d'Uranus, de Pluton et de Neptune. Ces dernières représentent la puissante dynamique du nouvel âge, l'ère du Verseau, selon votre calendrier.

Uranus est parfois dite « l'éveilleuse », car c'est la planète où vous vous rendez entre diverses incarnations quand vous devez surmonter certains traits négatifs, telles la révolte, l'irresponsabilité et les tendances destructrices. Là, vos maîtres et vos guides vous aident patiemment à vous éveiller à la créativité en vous, à affiner vos perceptions et vos intuitions, à doser votre envie de liberté personnelle de façon à ne pas enfreindre celle des autres.

L'influence de Pluton est particulièrement puissante à l'heure actuelle, car c'est l'astre de la renaissance, de la transformation, de la régénération, de l'illumination et de la sagesse. Ses aspects négatifs sont évidents sur terre en ce moment : prédominance des forces destructrices, du conflit, de l'antagonisme et des obstacles. Ce n'est que lorsque vous êtes suffisamment en harmonie et en équilibre intérieurement que vous passez du temps sur Pluton entre la mort et la vie, car son environnement est singulièrement difficile. On a affirmé que cette planète dispense ses leçons pour faire croître l'âme par le biais d'expériences douloureuses. Et dans ce domaine d'expérimentation, vous apprenez à vaincre vos obsessions et les énergies de l'ego réprimé et inconscient afin de pouvoir accéder aux désirs de l'Esprit et de la conscience d'unité, et de les consolider.

Dans le système solaire, Neptune présente les énergies les plus raffinées et raréfiées. Les astrologues et ceux qui subissent fortement son influence la disent « planète de l'illusion ». Jusqu'à récemment, l'humanité a surtout été influencée par ses énergies négatives : confusion, délire, peur, fuite et chaos. À mesure que vous évoluez, plus de temps vous est alloué sur Neptune afin d'affermir les vibrations d'amour universel, de sagesse spirituelle, d'inspiration, de vision et de compassion.

En parvenant à l'équilibre et à l'harmonie, en puisant dans vos facultés internes divines, vous attirez peu à peu les vibrations et influences positives des planètes ; leurs influences néfastes ne vous touchent plus. Il en va de même pour le système de chakras physiques et les sept rayons de conscience solaire. Vous pouvez aussi vous approvisionner aux dons préservés dans ces autres domaines d'expérience, ce qui a pour conséquence de donner une expression tangible au génie, à des œuvres inspirées, à des chefs-d'œuvre artistiques et musicaux et à des réalisations scientifiques qui dépassent l'entendement de la vaste majorité des gens.

Récemment, nous avons abordé la question de la vie après la mort ou, selon une expression plus juste, « la vie après la vie ». Avec le temps, nous continuerons à vous donner des renseignements plus précis au sujet des univers de l'au-delà. Lorsque vous existiez dans un environnement naturel où l'instinct prédominait et que vous étiez dissociés de votre Soi-Esprit, une majorité d'entre vous vivaient isolés, votre univers était minuscule, tout comme votre sphère d'influence. Aujourd'hui, du fait que l'humanité arrive à maturité et grâce aux avancées technologiques, votre monde est effectivement devenu tout petit. Vous êtes au courant des événements mondiaux presque aussitôt qu'ils se produisent, et ceux d'entre vous qui sont sur la voie de l'illumination restent bien conscients que ce qui survient sur le plan individuel a une influence à l'échelle globale. Vous apprenez désormais que vous êtes les gardiens de vos frères et sœurs.

À mesure que tourne la vaste spirale de l'évolution, vous étendez votre conscience au-delà des confins de la Terre, car vous cherchez à comprendre plus intimement votre rapport au système solaire, à la galaxie et au plan divin du Créateur. Plusieurs d'entre vous ont atteint un degré de maîtrise spirituelle qui les amène à faire l'expérience des énergies raffinées des sept sphères de la conscience du Créateur pendant leur sommeil et entre leurs incarnations. Vous n'êtes plus emprisonnés dans les domaines matériels du système solaire, car vous êtes désormais transportés vers les univers merveilleux des douze rayons de conscience galactique. Jadis, vous avez tous passé du temps dans chacun de ces univers d'expérience lorsque vous descendiez depuis les multidimensions universelles, avant de vous incarner dans ce système solaire et sur cette planète. Il était indispensable de vous acclimater aux patterns fréquentiels inférieurs et d'apprendre comment créer et exister sur le plan physique. Vous n'avez pas la moindre idée de la complexité de ce processus de transformation et de l'étendue du Soi que vous avez dû laisser dans les dimensions supérieures afin de faire l'expérience d'une réalité physique, matérielle. Le phénomène d'ascension qui vous ramène aux royaumes de Lumière est beaucoup plus simple, même s'il ne vous paraît pas ainsi. Vous n'avez qu'à ouvrir votre cœur et à laisser déferler l'amour/Lumière de la Création en vous et à travers vous. Si vous apprenez à vivre depuis l'intérieur de votre centre de puissance solaire et à revenir au point zéro de la Création aussi souvent que possible, cet élixir magique dissoudra, peu à peu et cependant définitivement, les énergies négatives incrustées en vous, car vous intégrerez les maintes facettes du Soi et retrouverez votre magnificence.

Dans ce monde lumineux raffiné et multidimensionnel qui s'est superposé à l'ancienne Terre de peur, de pénurie, de haine et de chaos, des miracles ont lieu à un rythme sidérant. L'Esprit terrien père/mère s'est réunifié, et les attributs masculins et féminins ainsi que les vertus dont ils étaient chacun porteurs se sont amplifiés et épanouis. Il faut reconnaître que la Terre est une force vitale vivante, douée de perception et viable qui vous sert de parent durant ce voyage au milieu des étoiles. La santé et le bien-être de la géosphère sont vitaux pour l'humanité, car en l'absence d'air pur, d'eau propre et d'un sol fertile, vous péririez, sans l'ombre d'un doute. Cette planète doit être honorée et respectée, et le sera : *son Esprit n'autorisera plus que ses ressources et son être intrinsèque soient violés et pillés.*

Votre Terre mère vous aime toujours et est disposée à vous soutenir, peu importe comment ; cependant, elle et votre Terre père exigent qu'en tant que gardiens planétaires, vous assumiez la responsabilité de vos actions. Commencez par nettoyer et respecter l'environnement qui vous abrite, ce territoire que vous possédez et dont vous êtes responsables ; par la suite, étendez votre action aux quartiers, aux villes, aux États et aux nations. Considérez que Gaia est votre partenaire vivant car c'est le cas. Songez que vos projets et vos plans influent sur elle. Vous devriez en effet en faire votre priorité, car cette géosphère constitue une fondation solide et saine sans laquelle tous vos châteaux de rêve s'effondreront.

Nous nous efforçons de vous donner un aperçu de l'ensemble de la situation pour que vous compreniez à quel point votre perception a, jusqu'à récemment, été restreinte. Et même si plusieurs considèrent qu'il s'agit là d'une perspective fort compliquée, nous ne sommes en mesure de vous offrir qu'un très simple survol d'un univers très complexe et de la diversité du plan du Créateur. Vous parcourez ces textes de sagesse que nous partageons avec vous régulièrement et les assimilez, mais nous vous demandons de faire l'effort d'intégrer davantage de ces concepts dans votre quotidien. Chacun de vous crée l'univers dans lequel il vit, sa version de la réalité ; il est donc possible de transformer votre monde en modifiant votre conscience pour atteindre une fréquence plus raffinée. Il n'est pas nécessaire de saisir tous les « rouages » de l'univers, mais il faut prendre ce qui entre en résonance avec vous, le vivre et servir d'exemple à autrui. Il est temps de vous unifier à votre âme et à votre Soi supérieur, mais encore et surtout à vos contreparties divines, à vos âmes jumelles et à votre famille spirituelle. Vous devez reconnaître les aspects féminins et masculins en vous et vous efforcer de faire usage des meilleurs éléments des deux pour arriver à mettre un terme à la « guerre des sexes ». Ce faisant, vous accéderez aux énergies de l'Esprit de la Terre et à la formidable dynamique unifiée du Créateur père/mère ; vous serez désormais des modèles vivants pour cette force vitale fusionnée. D'abord, vous passerez aux fréquences de l'innocuité et, bientôt, votre rayonnement brillera et s'étendra ; par la suite, vous aurez l'occasion d'exercer une véritable influence dans le monde. Il existe tellement de manières de diffuser l'amour/Lumière de la Création, certaines insignifiantes, d'autres à large échelle.

Il n'en tient qu'à vous, éblouissants guerriers de la paix, d'employer ce don de la réunification pour le bien suprême de tous. Acceptez ce don que la Terre père vous accorde et faites-vous les défenseurs, les chevaliers de la santé et du bien-être de la géosphère. Remerciez et rendez hommage à votre Terre mère, car au fil des siècles elle a fait de grands sacrifices pour vous tous. Affirmez et décrétez que vous vous joindrez à la croisade en vue de sa guérison et afin qu'elle retrouve sa beauté immaculée, luxuriante. Rendez-vous dans votre pyramide de Lumière/pouvoir et diffusez l'amour et la compassion vers tout être et toute chose, et dans la Terre elle-même. Nous nous joindrons à vous dans cet espace, bien-aimés.

JE SUIS l'archange Michaël.

7

En quête d'harmonie au milieu de la danse cosmique

Maîtres bien-aimés, plusieurs d'entre vous faites actuellement l'expérience de ce que signifie vivre la plus haute définition d'une existence créatrice, car vous passez rapidement des distorsions de votre ancienne réalité à une vie, une philosophie mieux définies. Malgré tout, votre perception émotionnelle et mentale s'oppose et lutte contre la dichotomie entre les anciennes croyances/formes-pensées et les nouvelles. Métaphoriquement, vous tenez d'une main votre conscience vibratoire élevée et votre sagesse supérieure ; vous jouissez de vos facultés sensorielles récemment affinées et constatez les manifestations miraculeuses, grandes et petites, qui surviennent au quotidien. En revanche, de l'autre main, vous tentez encore de jongler avec un tourbillon massif de formes-pensées déformées qui prédominent dans la conscience collective d'une humanité aux prises avec les derniers vestiges de la réalité à trois et quatre dimensions perpétuant la peur, la pénurie, la séparation et la nécessité bien ancrée de dominer autrui.

Vous évoluez véritablement au sein d'une danse cosmique ; nous nous efforçons de vous aider à retrouver la cadence, le rythme harmonique sur lequel valser, glisser et naviguer à la crête des vagues de bouleversements du nouvel âge, et à transformer le fossé qui les séparent. Ne vous l'avions-nous pas répété à maintes reprises ? Ce scénario que vous vivez présentement n'a rien à voir avec la dichotomie obscurité/lumière, bien/mal, négatif/positif, car plusieurs nuances, interprétations et niveaux de vérité existent au cœur même de ces concepts. Il vous faut une voie médiane, un équilibre par lequel vous harmoniserez les facettes de votre être les unes avec les autres. Les corps physique, émotionnel, mental et éthérique doivent résonner avec compatibilité ; ils doivent se compléter et se consolider les uns les autres.

Vous y parvenez d'abord suivant ce qui paraît être un mode horizontal : vous réintégrez l'ensemble des aspects énergétiques en vous-mêmes, aspects que vous avez créés dans votre champ aurique. Vous vous concentrez sur chacun des chakras/centres subtils, et grâce à votre intention illuminée vous les reprogrammez progressivement, remplaçant ainsi les anciennes vibrations qui vous privent de votre pouvoir par des cellules de conscience du Créateur. Par le fait même, l'énergie raffinée de chaque centre rayonne à l'extérieur et redéfinit/harmonise les attributs et qualités associés à ce chakra spécifique. Comme vous le savez déjà, à mesure que vous harmonisez ces centres énergétiques un par un, vous activez les sept sceaux de conscience supérieure [référez-vous au livre LE FUTUR EST MAINTENANT, chapitre 30, *L'ouverture des sept sceaux*] et accédez le niveau de conscience que l'on nomme Soi supérieur, votre Soi christique et votre Soi divin, ou présence JE SUIS.

Ceux d'entre vous qui sont au cœur même de ce processus de transformation se voient aujourd'hui confrontés à de nombreux schémas de pensée conflictuels. Tous, vous apprenez cependant à devenir observateurs du processus et à considérer le scénario de votre quotidien du point de vue d'un maître. Vous subissez des bas moins fréquents et moins lourds ; vous les traitez et retournez à votre centre de pouvoir beaucoup plus rapidement. Par ailleurs, il s'agit d'une mise à l'épreuve de votre capacité à recouvrer ce qui constitue votre vérité suprême et à préserver votre équilibre au sein des hauts et des bas des vagues de changement. En vous habituant à contempler votre univers d'un point de vue supérieur, vous serez en mesure d'apercevoir les lignes temporelles d'un futur probable sur le plan énergétique, futur que ceux qui vous entourent sont en train d'engendrer par leurs formes-pensées et leurs actions positives.

Intuitivement, vous verrez ce qui les attend s'ils persistent dans la voie actuelle ; vous ne saisirez pas les détails, mais les résultats heureux ou navrants de leurs actions. Nous n'avons pas le droit d'interférer ou de résoudre vos problèmes à votre place, comme vous ne pourrez intervenir auprès de ceux qui vous entourent. Ce qu'il vous est possible de faire par contre, c'est de ne pas vous empêtrer dans les drames négatifs ; vous serez mieux en mesure de servir en étant un exemple infaillible et en demeurant fermement centré dans le pouvoir du chakra du cœur à chaque instant, peu importe les événements qui surviendront autour de vous.

C'est passionnant d'être incarné dans un véhicule physique à l'époque actuelle et, pourtant, votre corps se bat pour être à la hauteur des fréquences sans cesse croissantes qui sont à sa disposition et qu'il intègre continuellement, jour après jour. Nombre de ceux qui n'avaient pas souffert d'un rhume, d'une grippe ou de troubles digestifs depuis plusieurs années se voient aujourd'hui aux prises avec ces maux qui les affaiblissent. Ils s'interrogent : « Quelle est donc mon erreur ? » Vous n'avez commis aucune erreur, intrépides amis ; c'est justement parce que vous êtes dans le vrai que ces incidents pénibles surviennent. Voilà un excellent exemple de formes-pensées contraignantes : vous percevez tout symptôme, toute maladie comme quelque chose de néfaste ou de malsain, persuadés que ceux-ci surviennent en guise de punition ou comme résultat d'une erreur de votre part. Nous reconnaissons que ces incidents physiques ne sont pas agréables. (Naturellement, nous n'en avons pas l'expérience directe, mais nous percevons et ressentons votre souffrance.) Néanmoins, nous souhaitons vous présenter la vérité sous un angle différent pour que vous y réfléchissiez. Encore une fois, nombre de ceux qui sont impliqués à fond dans le processus de transformation/ascension sont affligés de ces symptômes désagréables, car c'est ainsi que sont transmuées rapidement les anciennes énergies négatives incrustées dans leur véhicule physique. Comme lors d'une transmutation ou d'un baptême par le feu, il s'agit d'une immolation, d'un dégagement de vieux schémas fréquentiels qui permettent aux cellules cristallines de conscience plus raffinées de s'infiltrer et de prévaloir. Les virus ne sont pas tous néfastes, non plus que les symptômes désagréables qui vous accablent. Considérez-les comme un moyen de parvenir à une fin ; ils jouent un rôle plus vaste. Cela aussi passera, bien-aimés.

Nous vous prions de bien vous occuper de vous, de prêter attention plus que jamais à vos véhicules physiques et aux signaux, aux messages que le sage élémental de votre corps vous envoie. Comment pourriez-vous jouir du merveilleux monde d'amour, de joie et d'abondance que vous façonnez si votre précieux corps physique n'est pas rayonnant de santé ?

Nous aimerions maintenant poursuivre notre discussion avec ce que nous appellerons « le deuxième acte » du processus de transition qui se joue dorénavant sur terre. Comme vous le savez, les trois chakras inférieurs doivent être nettoyés et équilibrés afin de recevoir les énergies raffinées du corps mental et la dynamique de Dieu le Père : pouvoir, vérité, hardiesse et volonté de créer en employant les énergies externes des attributs masculins. Personne n'est immunisé contre ces schémas énergétiques pénétrant profondément. Peu importe où l'on se situe sur l'échelle de l'ascension, tous, sans exception, connaîtront les effets des fréquences lumineuses en spirale ascendante. Comme vous pouvez le constater, nombreux sont ceux qui, en ce bas monde, se sont enfoncés encore davantage dans la dissociation et la peur, affirmant avec rigidité que leur façon de faire, leur vérité est la seule qui soit acceptable et juste. Et vous voilà dès lors confrontés à l'épreuve la plus ardue, vous tous qui revendiquez comme votre réalité l'harmonie et une cohabitation paisible entre tous les humains comme votre réalité.

Le voyage de notre messagère aux Bahamas, dans les Caraïbes, avait été envisagé plusieurs mois à l'avance ; ce n'est donc pas une coïncidence si elle, Ronna, s'y trouvait à ce moment en particulier (du 1er au 8 février 2003). Le groupe invité à venir avec elle avait accepté une mission spéciale il y a fort longtemps, dans les domaines supérieurs ; ses membres avaient alors consenti à naître vers la fin de l'ère de l'Atlantide. Ayant accompli leur mission en cette vie-là, ils périrent ensemble dans le grand déluge qui emporta les derniers vestiges de cet immense continent. Une autre partie du plan consistait pour eux à se retrouver en cette vie-ci afin de faciliter la guérison et la transmutation de la vieille énergie atlantéenne négative et de servir de véhicules aux cellules adamantines de Lumière du Créateur qui irradièrent depuis le cœur du Créateur suprême et furent déposées dans la pyramide lumineuse du plan le plus élevé de la cinquième dimension. En tant qu'unité, ce groupe fut emmené vers un domaine raréfié où chaque membre reçut les douze facettes de lumière du Créateur et des cellules adamantines de Lumière. Tous furent ensuite conduits, dans leur forme éthérique, sous les océans, là où les vestiges archaïques de la civilisation atlantéenne gisaient engloutis sous les sables du temps. Chacun eut l'occasion de visiter les temples uniques et d'en rapporter un présent symbolique préservé en ces lieux à son intention. Et alors qu'ils se livraient à la respiration infinie à l'unisson, ces prodigieuses cellules adamantines de Lumière du Créateur se mirent à se diffuser à la Terre entière par le biais de l'eau et de l'air.

Ce n'est pas non plus une coïncidence si la navette spatiale *Columbia* s'est désintégrée dans l'atmosphère à ce moment précis. Nous le répétons, nous ne sommes pas en cause ici ; il s'agit d'un accord spirituel passé par ce groupe intrépide. Les membres ont accepté de seconder ce processus évolutif dynamique de la manière requise. Lorsque les peuples du monde tournèrent leur attention vers les cieux et ouvrirent leur cœur en sympathie avec les âmes merveilleuses qui avaient péri, ces particules adamantines essentielles pénétrèrent le chakra du cœur de tous ceux dont l'ouverture était suffisante pour les recevoir. Ne voyez-vous pas pourquoi nous vous demandons de vous positionner à un point de vue supérieur, en tant qu'observateurs des événements de l'heure ? Il vous est impossible de découvrir le plan global prévu pour l'avenir et comment un désastre apparent peut en réalité faire partie d'un scénario plus vaste compris dans le schème directeur universel qui conduira à la toute fin au bien suprême de l'humanité et de la Terre.

Soyez certains que tous ceux qui consentent à se sacrifier pour le bien collectif – que ce soit dans le passé, le présent ou l'avenir, et peu importe la manière – le font par amour et de leur plein gré dans les domaines supérieurs ; il s'agit d'une clause du contrat spirituel auquel ils se sont engagés avant de s'incarner. Vous devez pleurer les êtres chers que vous avez perdus, naturellement, mais vous devez également vous réjouir pour eux, car ils célèbrent leur victoire dans les royaumes supérieurs. Voilà aussi l'une des nobles vérités que nous vous prions d'assimiler en votre conscience. Elle vous permettra d'accepter plus aisément les situations stressantes que vous rencontrerez au fil des défis que l'avenir vous réserve.

Venez, bien-aimés, consentez à nous suivre dans la pyramide de lumière du domaine le plus élevé de la cinquième dimension afin de recevoir votre cellule adamantine de pure Lumière du Créateur et de pouvoir ancrer ce don inestimable et diffuser son rayonnement depuis le chakra du cœur, partout dans le monde où vous vivez. Ce faisant, vous obtiendrez tout ce dont vous aurez besoin pour suivre le rythme accéléré de la danse cosmique de l'avenir. Nous espérons ardemment votre venue. Vous êtes aimés de tout cœur.

JE SUIS l'archange Michaël.

8

Chercher la paix en soi

Maîtres bien-aimés, le temps est venu de répertorier l'ensemble de ce que vous pensez ainsi que l'énergie affective que vous projetez en ces jours de conflits, de tumultes et de tensions. Avez-vous dilué ou déformé l'aura d'harmonie que vous aviez tissée autour de vous, en vous laissant happer par le chaos de la création mal avisée et de la destruction qui sévit sur la planète à l'heure actuelle ? Êtes-vous hypnotisés par les scénarios que les médias repassent, encore et encore ? Vous êtes-vous de nouveau laissé entraîner dans la densité de l'environnement négatif illusoire ? Si vous avez répondu oui à l'une ou l'autre de ces questions, vous alimentez les vibrations anarchiques qui dominent la scène mondiale au lieu d'apporter votre amour/lumière/pouvoir aux autres émissaires de la paix partout dans le monde. Vous tiendrez-vous aux côtés de ceux qui aspirent ardemment à apporter une solution pacifique pour le bien de tous, ou vous alignerez-vous sans le vouloir sur ceux qui cherchent à perpétuer la dissociation, la souffrance et la suprématie sur autrui ?

Nous n'affirmons pas que vous ne devez pas vous tenir au courant des événements de l'heure ; simplement, le moment est désormais venu, plus que jamais auparavant, de vous élever au-dessus de la mêlée et de vous joindre à nous en tant qu'observateurs entretenant un point de vue supérieur qui ne suppose ni bien ni mal et admet plutôt qu'il existe diverses nuances de la vérité et différentes causes. Nulle race ou religion, nul pays n'est exempt de blâme ni complètement justifié ou dans l'erreur. N'oubliez pas que sur terre, chaque âme sans exception porte une étincelle du divin en elle. Il vous faut demeurer centrés sur le cœur et à l'écoute de votre Soi supérieur, au sein d'une conscience inspirée de l'Esprit, en sorte que vos actions et vos décisions soient invariablement alignées sur le plan divin. C'est ainsi que vous, bien-aimés, vous joindrez aux rangs des justes dont le plus fervent désir est de ramener la Terre et l'humanité à une paisible coexistence dans un environnement où régnera notre Dieu père/mère.

Il va sans dire que certains ont consenti à jouer les avocats du diable ; ils représentent l'aspect ombre en vous dans sa forme la plus destructrice. D'autres, par ailleurs, s'indignent et prétendent être animés par les motifs les plus purs, les plus altruistes ; pourtant, nous connaissons les motifs qui sous-tendent leurs décisions et les actions entreprises au nom de la paix et de la justice. Le drame de la dualité se joue aujourd'hui sur votre planète dans sa forme la plus tragique ; il n'en tient qu'à vous de vous laisser entraîner dans la spirale descendante de la présente action karmique collective.

À plusieurs reprises auparavant, nous avons abordé la loi de cause à effet selon laquelle chaque action entraîne une réaction qui constitue un karma, positif ou négatif. Depuis des éons, en tant qu'êtres illuminés, vous vous êtes efforcés d'équilibrer votre karma personnel, votre karma ancestral et les tendances karmiques raciales. Ce retour à l'équilibre et à l'harmonie dans toutes les facettes de votre être représentait l'un des principaux enjeux du théâtre de la dualité et de la polarité. Et maintenant que les vents de la guerre, du conflit et de la destruction enveloppent la Terre, telles des nuées sombres, menaçantes touchant tout un chacun, que va-t-il se passer ? Soit vous vous tiendrez fermement dans la lumière, soit vous participerez aux formes-pensées karmiques négatives : tout dépendra entièrement de ce que vous ressentirez et penserez alors, chers amis, de ce que vous aurez à l'esprit et dans le cœur. Plusieurs ont remarquablement réussi à équilibrer leur registre de comptes karmiques – tenons-nous-en à cette expression –, car celui-ci comporte une colonne pour les moins et une autre pour les plus. Toutefois, vous devez transformer tous ces moins en plus, ou schémas énergétiques positifs.

Nous vous enjoignons de ne pas rester passifs devant les événements. Nous exigeons de vous que vous participiez, car votre force vitale dynamique est plus que jamais indispensable. Votre pouvoir dépasse de beaucoup vos suppositions sur vous-mêmes, amis intrépides, et vous jouez un rôle capital dans la résolution pacifique d'une situation mondiale préoccupante. L'énergie qui rayonne du chakra de votre cœur a le même impact sur l'issue du conflit que les actions de ceux qui sont « au front. » Vous y êtes aussi, pour ainsi dire, car vous avez la capacité de puiser à même la force vitale primaire et non manifestée pour la façonner en de puissantes formes-pensées et en actions susceptibles de vaincre toute adversité. Peu importe leur allégeance, si ces âmes courageuses appelées au champ de bataille sont animées d'une soif sincère de justice pour tous et d'une compassion envers leurs frères humains, plutôt qu'inspirées par la haine, une soif de vengeance ou le désir d'asservir autrui, alors on peut les considérer comme de justes guerriers que secondent les forces célestes.

Les expressions « guerriers de la paix » et « guerriers de la Lumière » en ont dérangé plus d'un, car on y perçoit une connotation militaire. Ici encore, il existe diverses interprétations et nuances de la vérité. Depuis la chute de la Terre et de l'humanité dans la densité de la dissociation et de la douleur, nous avons sans défaillir combattu pour vous et à vos côtés. Nous avons lutté contre les ombres de l'illusion et de la négativité engendrées par l'acquiescement collectif à la peur, à la culpabilité et au sentiment de manque de valeur. Nous avons lutté pour vous aider à vous reconnecter à votre nature divine et à vous souvenir de votre magnificence. Nous avons fidèlement suivi les ordres et les directives lancées par notre Dieu père/mère et Créateur : « Aidez nos enfants à retrouver la Lumière et à récupérer leur héritage divin. » Effectivement, depuis des éons, nous avons mené une guerre opposant la lumière du Créateur et les ombres de la race humaine armés uniquement de l'amour, de la compassion, de la compréhension et du soutien tout au long des vallées du désespoir que vous avez traversées en quête des cimes de l'espoir et de l'illumination.

Si vous le voulez bien, joignez-vous à nous dans cette entreprise qui vise à apporter la lumière dans les recoins ténébreux du monde et des cœurs de l'humanité. Gardez l'inébranlable certitude qu'à la fin justice prévaudra (bien conscients que seul notre Dieu père/mère voit l'ensemble de la situation et ce qui représente l'issue la plus opportune). Si vous demeurez intérieurement sereins et joyeux, rayonnant du vaste amour du Créateur vers l'humanité entière, alors vous êtes véritablement des guerriers de nos légions de Lumière.

Ceux qui protestent, tempêtent et manifestent au nom de la paix ne font qu'ajouter leur énergie à cette bouillabaisse du chaos. Ils n'offrent aucune solution, n'entreprennent pas d'action positive, ne faisant que rejeter le blâme sur autrui et s'opposer aux agissements des autres sous le prétexte que le non-agir est la seule voie susceptible de mener à la paix et à l'harmonie. Ce n'est là qu'une autre façon de ne pas prendre position. Nous vous l'avons répété à maintes reprises : le moment est venu de prendre position, de prêter allégeance à la lumière ou à l'ombre. Il est temps pour chacun de clamer qu'il est un émissaire de la Lumière, une éblouissante étincelle du divin, un cocréateur de l'amour, de la joie, de l'abondance et de l'harmonie ; ou un être humain prêt à emprunter la voie de la facilité, suivant les diktats d'autrui et, par le fait même, laissant de côté son héritage divin.

Le mot « paix » revient souvent en cette époque de turbulences ; il recèle de multiples interprétations. Vous employez entre autres l'expression « paix de l'esprit » pour signifier un état mental calme, tranquille, exempt de dissensions, de pensées discordantes ou de conflits. « Paix » peut aussi référer à une entente mutuelle entre deux personnes, au sein d'une famille ou d'un groupe, dans un quartier, une ville ou une nation, entente qui profitera à toutes les parties impliquées et engendreraa une atmosphère paisible, sereine et confiante, de même que l'ordre social. Ce terme renvoie également à un traité ou un accord empêchant ou mettant fin à un conflit entre deux factions adverses. On peut dire de quelqu'un qu'il aime la paix ou que c'est un pacifiste parce qu'il a tendance à favoriser un environnement paisible. Ou encore, on « recherche la paix » ou on « aspire à la préserver » par une conciliation ou des compromis lors de querelles. La paix est le résultat final, l'accomplissement de l'harmonie et de l'équilibre dans n'importe quelle situation donnée. On ne parvient jamais à l'atteindre par l'intermédiaire de l'émotion ou de l'ego ; on y arrive grâce aux vibrations supérieures de l'Esprit qui tend toujours à l'issue la meilleure pour toutes les parties en cause.

Dans votre univers de dualité et de polarité, le but optimal consiste à rechercher l'harmonie et l'équilibre en tout ; cette harmonie doit cependant émaner de l'intérieur. Elle doit s'épanouir dans le cœur à mesure que vous consentez à ce que l'Esprit y descende et règne de nouveau sur votre véhicule physique. C'est alors que votre regard sera filtré par l'amour et que votre écoute sera tempérée par la compassion. Vous saurez que pour obtenir tout ce dont vous aurez jamais besoin, il n'y a qu'à demander, et ne chercherez plus alors à vous emparer des biens d'autrui. Vous irez toujours vers la solution gagnante et saurez que si quelqu'un perd, chacun perd aussi. Vous deviendrez des partisans de la Lumière et évoluerez doucement, mais courageusement, en portant le glaive éthérique de la volonté divine, de l'honneur, de la vérité et de la justice.

Vous affirmerez votre vérité et la vivrez, résolument, avec intégrité et humilité, enseignant par l'exemple et accordant le même droit aux autres. Il faut d'abord chercher la paix en vous, bien-aimés. Quand vous aurez trouvé ce que vous cherchez, vous rayonnerez d'une aura de paix dans le monde qui sera amplifiée par celle des gens de même disposition. Ensemble et à l'unisson, vous serez en mesure de vaincre toute forme d'adversité et pourrez créer et magnifier des cellules/aires de Lumière partout sur terre, ainsi que dans la cinquième dimension. Une fois que ces formes-pensées lumineuses auront atteint un certain degré d'amplification, elles se mettront à se manifester miraculeusement sur le plan terrestre. Nombre de vos visions s'approchent de ce point et se concrétiseront sans difficulté apparente. On y apporte les touches finales, et les préparatifs sont presque achevés, bien-aimés ; constatez désormais les résultats prodigieux de vos efforts assidus.

Depuis la chute dans la densité, la cruauté des êtres humains envers leurs propres frères n'a jamais cessé. La coexistence pacifique n'a que rarement été l'issue des divers conflits ; ceux-ci sont le plus souvent motivés par le désir de conquérir, de prendre possession et de soumettre autrui sans tenir compte du bien-être des gens qui se voient pris au beau milieu des représailles ou forcés de combattre.

Nous avons expliqué déjà que le gouffre qui sépare la Lumière des ténèbres s'élargit, comme si, en quelque sorte, un monde rempli de patterns vibratoires lumineux se superposait à la réalité tridimensionnelle de l'illusion et de l'ombre. Cette situation s'accentue chaque jour qui passe. À tout instant, il vous faut impérativement demeurer vigilants, centrés dans votre cœur et inspirés par l'Esprit. Vous devez apprendre à marquer des frontières énergétiques et à constamment consolider votre bouclier ou colonne de Lumière protectrice du Créateur. Écoutez les murmures de votre cœur, car c'est là que vos guides angéliques et maîtres mettront à votre disposition des trésors de sagesse.

Tournez-vous vers l'intérieur, fidèles compagnons, et n'oubliez pas que naguère nous parcourions ensemble l'univers, créant de nouvelles galaxies, des mondes et des civilisations allant au-delà de vos rêves les plus fous. Songez que vous aviez à votre disposition l'ensemble de la substance divine de création et que vous n'aviez qu'à tendre l'esprit et à lui donner forme. Rappelez-vous que vous n'aviez qu'à imaginer une chose pour qu'elle apparaisse miraculeusement devant vous. Tentez de vous souvenir des multiples formes que vous avez prises, parfois humaines mais également de diverses compositions, textures et caractères, toutes merveilleuses et parfaites aux yeux de notre Dieu père/mère.

Il est important de vous remémorer que vous avez connu chaque race source qui ait jamais peuplé la Terre. Cela signifie que vous avez présenté chaque couleur et chaque trait racial existant aujourd'hui sur la planète. Nous l'affirmons, vous êtes des êtres aux multiples facettes ayant goûté toute la richesse et la diversité qu'ont à offrir cette Terre, ce système solaire, cette galaxie et cet univers. Ainsi, comment pouvez-vous juger vos frères et sœurs uniquement parce qu'en cette vie ils ont des coutumes, des croyances et des rites différents des vôtres, ou qu'ils nomment leur Dieu autrement ? Nous l'avons déjà précisé, mais il nous faut le répéter encore et encore : VOUS NE JUGEZ QUE VOUS-MÊMES.

N'oubliez pas, bien-aimés, qu'en cette époque de grands bouleversements, vous avez un rôle à jouer. Brillez de votre amour/Lumière pour que tous les voient. Consentez à ce que nous vous secondions dans votre mission terrestre et que nous vous entourions de notre affection. Ensemble, nous prévaudrons !

JE SUIS l'archange Michaël.

9

En quête de votre identité véritable

Maîtres bien-aimés, êtes-vous disposés à ouvrir votre cœur, à élargir votre esprit et à modifier juste un petit peu votre réalité afin de permettre à la cellule adamantine de Lumière du Créateur en votre cœur de s'embraser, de croître et de vous accorder ce à quoi vous aspiriez au cours de tant d'âges passés ? Cette cellule en forme de diamant contient un atome semence comportant l'encodage de l'espèce humaine en évolution, ainsi qu'une carte indiquant le plus précieux trésor d'entre tous, les liens vous reliant à votre Soi multidimensionnel.

Votre objectif ne consiste pas seulement à ascensionner, mais également à amener votre Esprit-Soi à descendre pour qu'il y ait fusion des facettes complexes de votre être, facettes produites tout au long de vos aventures fabuleuses et hétéroclites dans cet univers, cette galaxie et au cours de l'ensemble de vos expériences terrestres. Avant de descendre depuis l'univers multidimensionnel, sous forme d'une étincelle divine de conscience, vous avez connu une multitude d'expériences où vous affichiez toutes les vertus et les qualités du Créateur en accord et en alignement parfaits avec la volonté divine. Lors de nombreuses autres existences, vous avez presque exclusivement fait appel à vos impressionnantes facultés mentales en vous concentrant sur une forme-pensée ou une création spécifique. Délibérément, vous avez usé de la substance vitale primordiale non manifestée dont vous aviez besoin et, tel un rayon laser, avez projeté cette vision idéale jusqu'à ce qu'elle se concrétise miraculeusement sur le plan physique.

Vous avez aussi vécu quantité d'aventures fabuleuses où vous vous penchiez presque uniquement sur les aspects émotionnels de votre Soi multidimensionnel. Lors d'existences dans les domaines supérieurs, grâce aux vertus et aux attributs de votre nature de déesse, vous fusionniez joyeusement votre conscience avec le royaume angélique ; par le fait même, vous goûtiez les délices de l'amour pour la Création dans sa forme la plus pure et secondiez la fabrication de mondes et de réalités dépassant l'entendement. Pendant que vous expérimentiez ces diverses facettes du Créateur, votre Esprit-Soi individué enregistrait chaque expérience dans votre vaste réservoir mnémonique, car vous saviez qu'un temps viendrait où vous auriez besoin d'y puiser cette sagesse acquise autrefois.

Depuis votre descente dans le domaine physique, votre Esprit-Soi s'est débattu pour arriver à opérer dans cette matérialité et vous vous êtes livrés au jeu de la dualité et de la séparation. Durant certaines existences, vous avez surtout mis l'accent sur votre aspect spirituel, au détriment d'autres éléments de votre condition d'être, tandis qu'en quelques incarnations le point focal fut presque exclusivement votre nature mentale ; dans d'autres cas encore, votre nature émotionnelle constituait la force motrice qui vous animait. Le moment est venu de ramener à l'harmonie ces diverses facettes de votre nature essentielle afin de pouvoir opérer encore une fois depuis un état de conscience unifiée.

Quand vous évoluez au sein de l'environnement illusoire des troisième et quatrième dimensions, l'aspect le plus négligé de votre être est le mental intuitif, ou mental-âme. Il s'agit là de l'une des plus importantes ressources en vous, car elle établit le lien avec votre Soi supérieur et, éventuellement, avec le Créateur source. Votre mental-âme est un puits illimité d'idées fraîches et de formes-pensées originales qui n'attendent que vous vous inspiriez d'elles. Votre mental intuitif, cette petite voix intérieure, vous indiquera toujours la bonne direction à suivre et vous aidera à prendre les décisions justes ; il n'y a qu'à prêter l'oreille. Depuis la chute dans la densité, le mental-âme s'est presque totalement éteint chez la plus grande majorité des gens. Puisque la petite voix intérieure fut ignorée pendant bien des millénaires, l'âme désolée se retira dans la quiétude et l'inertie ; elle demeura spectatrice, dans l'attente du moment où on la rappellerait à l'action, où elle pourrait s'associer à vous au fil du périple de la vie. Aujourd'hui, elle rayonne d'un éclat croissant chez ceux d'entre vous qui se sont efforcés de se reconnecter à leur âme, leur Soi supérieur et le rayon Dieu (la présence JE SUIS). C'est désormais un compagnon bienveillant et indéfectible qui les oriente, les inspire, les entoure de soins et les protège même. Jusqu'à ce que vous rétablissiez ce lien et arriviez à vous réconcilier avec votre Soi multidimensionnel, vous continuerez d'ignorer à quel point votre âme et votre Esprit-Soi peuvent vous seconder. La première vous protégera des accidents, par exemple, en vous incitant à emprunter un chemin différent ou à partir plus tôt que d'habitude. Elle fera en sorte que vous soyez toujours au bon endroit, au bon moment. Elle vous permettra d'allonger ou de contracter le temps, afin que vous puissiez évoluer au fil du quotidien avec grâce et facilité. Elle vous mettra en présence des membres de votre famille spirituelle ou de ceux avec qui vous avez quelque chose d'important à partager. Elle vous inspirera et vous secondera de manière à vous ouvrir les voies de l'abondance et à réaliser vos visions les plus sublimes – si, naturellement, celles-ci correspondent au bien suprême de tous. Des idées inspirées et des pensées originales naîtront spontanément dans votre esprit ; vous serez à votre service et à celui d'autrui, car vous deviendrez les cocréateurs de tout ce qui est d'une beauté, d'un amour et de l'ordre le plus élevé.

Lorsque vous alignez votre volonté sur celle du Créateur, vous joignez les rangs des constructeurs de la forme, car il a été décrété qu'à l'époque actuelle, tous les plans et les aspects de la Création doivent être incorporés, développés et représentés sur terre. D'une forme-pensée omniprésente provenant du mental du Créateur suprême ont émané un nouveau plan et un autre schème divin pour la planète. Ces plans – en cours aujourd'hui – ayant trait au nouvel âge et à la Galaxie d'or qui en est à sa formation ont été déposés dans les vastes pyramides de Lumière des dimensions supérieures. Ils attendent que l'humanité découvre cet important réservoir de potentiel non manifesté et l'éblouissante vision qui se concrétisera sur le plan physique.

La cellule adamantine de Lumière du Créateur réside dans le chakra du cœur de chacun d'entre vous. Lorsqu'elle s'attisera, l'ensemble des aspects du Créateur en vous sera amplifié et, cela étant, les attributs, vertus et qualités de vos origines universelles et de votre schème cosmique rayonneront d'un éclat plus brillant encore. Vous devez préserver l'intention d'harmoniser et d'aligner les multiples facettes de votre nature divine. Scrutez vos croyances et votre manière d'assimiler l'information. Êtes-vous ouvert – chacun de vous – aux idées inédites, ou vous accrochez-vous à des schémas de pensée anciens, restreints, systématiques ? Vous empêtrez-vous de croyances traditionnelles archaïsantes, visant une mainmise, ou d'un sentiment déplacé de responsabilité envers autrui qui vous empêchent d'aborder ou d'intégrer des idées novatrices, avancées et sources de pouvoir émanant de votre Soi supérieur ?

Lorsque vous opérez à partir du seul point de vue mental, votre intellect exerce un contrôle total sur votre vie et vous devenez rigide et intransigeant. Vous rejetez les idées neuves et avez tendance à stagner, car vous craignez de vous aventurer en territoire inconnu ou hors de votre coin protégé. Si, à la lumière de l'Esprit, vous harmonisez votre nature mentale avec votre nature émotionnelle, vous commencez à explorer des concepts différents, de nouvelles manières d'être, car vous activez et renforcez peu à peu votre mental intuitif et votre nature spirituelle. Votre vision s'élargit, car des vérités plus nombreuses s'immiscent en votre conscience, et vous acquérez la certitude, grâce à la clarté du désir, à l'intention focalisée et à l'action positive, de détenir le pouvoir de créer tout ce que vous imaginez. Progressivement, en découvrant l'infaillibilité des lois universelles de la manifestation, vous voyez votre enthousiasme s'accroître et cherchez à accorder votre volonté à celle du Créateur.

Quand vous opérez à partir d'un état exclusivement émotionnel, vos sentiments constituent la force motrice en vous. Tout est alors perçu et vécu au travers du filtre affectif et, souvent, des décisions impulsives en résulteront – sans le bénéfice de la réflexion. Votre réalité est saisie depuis le point de vue du « je-moi-mon ». Vous vous sentez personnellement visé par tout ce qui vous arrive et votre existence n'est qu'un chaos d'émotions. Au bout d'un certain temps, votre état « émotif » se met à influer sur votre santé physique et mentale, car vos systèmes nerveux et lymphatique sont constamment surchargés. Les gens mus seulement par l'émotion contrôlent les autres par ce même moyen – manifestant par exemple un amour intense pour une personne, amour qui deviendra une demande constante visant à valider leur estime de soi. Au bout du compte, cela constituera un chantage émotionnel. Ces individus attirent généralement à eux des personnes dont l'estime de soi est chancelante et qui se sentent dévalorisées ; ainsi, ces dernières ont l'impression que ces démonstrations d'amour correspondent exactement à ce qu'elles recherchaient. Mais il apparaîtra bientôt que l'amour émotionnel, dénué de stabilité mentale et spirituelle, est susceptible de devenir une prison et qu'il sera très douloureux et difficile de s'extirper de ce genre de relation suffocante. En apprenant à tempérer votre nature émotionnelle grâce à la clarté mentale, à la sagesse et à la force spirituelle, vous obtiendrez la validation du Soi que vous cherchiez. Vous vous mettrez à surveiller vos émotions et à comprendre les forces sous-jacentes qui déclenchent vos habitudes de vie négatives. Vous examinerez plus étroitement vos motifs et réalignerez votre ego « dénaturé » sur votre âme-soi. Vous puiserez dans la sagesse supérieure de votre mental divin et chercherez à évacuer de votre subconscient les schémas de pensée restreints qui ont régi votre existence d'une manière ou d'une autre au cours de tant d'incarnations. Vos structures vibratoires émotionnels s'élèveront, puisque vous vous accorderez à votre nature spirituelle, et vous ressentirez désormais un amour inconditionnel envers vous-même et pour autrui. Vous chercherez à l'intérieur votre subsistance spirituelle/affective et saurez que tout l'amour que vous connaîtrez sur le plan terrestre ne signifiera rien du tout si vous n'êtes pas relié à l'amour/Lumière du Créateur Source.

Votre objectif, bien-aimés, est donc de manifester l'Esprit tout en étant complètement incarnés dans un corps physique. Le moment est venu de réunir et d'intégrer les multiples facettes de votre être, facettes qui ont été produites et laissées de côté tout au long de votre interminable voyage dans l'espace extérieur. Vous ramenez ces fragments divers de votre être vers « l'espace intérieur », cet espace magique au centre de vous-même qui se nomme cellule adamantine au noyau de votre être.

Un nouveau rayon unifié de conscience divine s'infiltre de part en part des multidimensions, depuis le noyau du Grand Soleil Central de cet univers et de notre Dieu père/mère. Ce rayon a pris naissance dans le cœur du Créateur suprême il y a des éons ; le moment est enfin favorable au fait que cette galaxie et la Terre accueillent une telle infusion bénie et raréfiée. Une fois que vous serez prêts à accepter ce don, il attisera la cellule divine en vous et éclairera, amplifiera et unifiera les autres rayons réfractés à l'intérieur. Voilà le processus auquel on vous prépare, l'événement que vous avez espéré depuis votre première incarnation physique. C'est l'énergie cohésive qui activera vraiment et accélérera l'ascension vers un état de conscience supérieur chez tous les êtres conscients, les planètes, les systèmes solaires, les galaxies et les univers. La spirale de l'évolution précipite son rythme chaque jour davantage et personne ne peut l'entraver ni s'en prémunir. Nous savons qu'il est difficile de se concentrer sur les nobles idées et visions que nous vous offrons lorsque votre monde semble s'enfoncer toujours un peu plus dans la violence et la dissociation. Une fois encore, nous vous rappelons que du chaos naîtra une création nouvelle. Tout ce qui n'est pas en harmonie, tout ce qui est fondé sur la peur ou qui découle des vibrations inférieures tels l'avidité, le préjugé, la corruption ou le désir de dominer ou de contrôler, est porté à la surface et à la connaissance générale. Les diverses factions qui s'opposent mènent un combat important, mais aucune ne l'emportera. Vous, guerriers de la Lumière, avez lancé un « mouvement lumineux ». Pour armes, vous disposez de l'amour inconditionnel, d'un cœur pur, d'une intention bienveillante et d'une action affirmative animée par le désir de susciter le bien suprême de l'humanité et de la planète. Notre mission consiste à vous amener à prendre conscience de votre magnificence et de votre puissance ; à vous faire savoir que vous n'êtes jamais seuls ; et à vous donner la possibilité de vous élever au-dessus de cette violence insensée, de la souffrance et de l'angoisse sur lesquelles se focalise votre société d'aujourd'hui. Élevez votre cœur et votre conscience, bien-aimés, et sachez que l'avenir est prometteur ; grâce à nos efforts conjugués, nous vaincrons cette adversité. Voyez l'amour de mon essence vous entourer ; ensemble unissons nos cœurs avec tous les peuples de la Terre et diffusons la force de notre amour unifié vers la galaxie afin de rejoindre le rayon de l'essence du Créateur, notre ultime destination. Vous n'êtes jamais seuls, et vous êtes aimés, infiniment.

JE SUIS l'archange Michaël.

10

Vous êtes l'inhalation du Créateur

Maîtres bien-aimés, depuis de nombreuses années, nous des royaumes supérieurs parlons d'une transformation accélérée de la conscience ayant débuté en 2003. En préparation à ce phénomène sacré nous avons, dès février 2003, activé la cellule divine du noyau adamantin en votre cœur. Cet atome semence consolide votre connexion à notre Dieu père/mère et au Créateur suprême à mesure que vous intégrez un nombre croissant des facettes multidimensionnelles de votre Soi divin. Nous vous l'avons dit, le Créateur prend maintenant une part active dans le processus évolutif de votre univers et émet, depuis le centre de son cœur, une infusion d'essence divine pure. Vous avez souvent entendu parler de l'inhalation et de l'exhalation de la Création. L'exhalation eut lieu lorsque le Créateur suprême diffusa, dans l'immense néant, les myriades d'étincelles de conscience divine pourvues du décret de manifester et de créer des mondes et des réalités sans fin. Au fil de nombreux éons, vous avez dévié, vous vous êtes dissociés et diminués extérieurement jusqu'à atteindre votre condition actuelle. Vous avez régressé jusqu'aux limites du possible et le moment est désormais venu de suivre le trajet inverse, vers les royaumes de Lumière.

Plusieurs conceptions fausses circulent au sujet de l'inhalation. On croit généralement que le Créateur « inspirera » tout ce qu'il a créé, mais c'est tout à fait faux. Il émet plutôt son rayonnement en vue d'incorporer l'ensemble de la magnificence jamais produite. Bien-aimés, vous êtes l'inhalation. Vous inspirerez l'essence du Créateur, tout en préparant votre véhicule humain à recevoir davantage de Lumière raffinée et de fréquences vibratoires raréfiées en provenance des royaumes supérieurs. Dans votre réceptacle humain, vous incorporerez l'essence du Créateur qui afflue sur le plan terrestre. Plusieurs ont affirmé : « Vous vivez en le Créateur, et il vit en vous. » Et en cette époque incomparable, on vous accorde une quantité de Lumière du Créateur proportionnelle à votre capacité. Vous n'avez qu'à donner l'autorisation à votre Soi supérieur d'entamer cette infusion propre à augmenter la vie, à rayonner ensuite ce don de Lumière du Créateur dans le monde et vers tous ceux qui vous entourent.

L'alignement galactique de novembre 2003 a suscité beaucoup d'enthousiasme ; ce phénomène a suivi l'éclipse lunaire du 8 novembre 2003. L'événement, baptisé « concordance harmonique », aura des répercussions positives d'envergure sur la race humaine et la Terre. Cet alignement, activé par l'éclipse lunaire du 8, a ouvert un portail multidimensionnel provenant de la conscience divine et donnant sur votre galaxie, votre système solaire et votre planète. La puissance et le dynamisme de cette énergie raréfiée se sont intensifiés jusqu'à l'éclipse solaire du 23 novembre. Néanmoins, les effets de cette infusion d'énergie raréfiée se poursuivront sans fin et précipiteront le processus d'ascension et d'évolution dans l'ensemble de votre galaxie.

Afin d'entamer le processus de réunification, il vous a fallu reconnaître et accepter votre côté ombre, ainsi que les fragments de vous-mêmes que vous aviez engendrés au fil des âges. Plusieurs parmi vous se sont mis à évacuer leur ancien système de valeurs dès 1988, ce qui a activé la transformation des quatre systèmes corporels inférieurs et permis la venue d'importantes infusions de Lumière. En 1994, la métamorphose corporelle a effectué un bond en avant et, depuis, s'est accélérée de manière exponentielle. Il a fallu huit ans, de 1994 à 2002, pour que vous commenciez à vraiment percevoir l'ouverture du chiffre 8, ou portail d'infinité, dans votre système solaire et votre galaxie. Cela correspond à l'ouverture de l'étoile de l'âme bleu/turquoise dans votre corps. Au cours des récentes années, plusieurs ont éprouvé une douleur juste au-dessus du cœur (partie supérieure de la poitrine ou région du thymus). Cette douleur est due au fait que cette partie du corps explose en Lumière et que le thymus redevient actif ; ce phénomène contribuera à votre « rajeunissement » à mesure que vous harmoniserez les énergies au sein de votre véhicule physique. Il paraît évident que plusieurs parmi vous se sont presque totalement mélangés à leur soi de l'ombre, y ajoutant légèreté et éclat, ce qui signifie qu'ils ont l'occasion de répandre l'amour et la Lumière sur terre. Votre soleil fournit la lumière à ce système solaire en particulier et subit lui aussi de nombreux changements. Il brille plus intensément, tout comme vous. Vous avez des commutateurs de Lumière dans votre corps ; il n'y a qu'à demander qu'ils se déclenchent. D'entités basées sur le carbone, vous devenez des entités basées sur la silice. La silice est une forme de cristal qui contient une Lumière irisée. Une fois les douze brins d'ADN activés en vous, vous serez aptes à manifester les douze couleurs de la Lumière du Créateur de manière harmonieuse, devenant presque alors des êtres multidimensionnels.

Voici une diversité de nobles vérités susceptibles de vous seconder tout au long de votre processus évolutif en cette époque sans précédent. Vous en connaissez déjà quelques-unes, mais leur importance justifie de les réitérer. Nous suggérons à chacun d'examiner un concept à la fois pendant au moins une journée, de l'inculquer fermement en sa conscience jusqu'à ce qu'il s'assimile à sa réalité quotidienne.

- *La maîtrise de soi est un état de perpétuel devenir. L'état de maître est un processus sans fin où vous apprenez à intégrer un nombre croissant des vertus et attributs de notre Dieu père/mère. Cette évolution exige une vigilance ininterrompue et une pratique continue, mais les rétributions qu'elle apporte sont incommensurables.*
- *Prenez conscience d'être entouré d'un potentiel énergétique qui se diffuse sous la forme du signe d'infinité émanant de vous : au-dessus, au-dessous, devant et derrière. Ce que vous pensez et ressentez crée un schéma vibratoire qui se dégage de vous et attire les énergies, les situations ou les personnes présentant des affinités avec ce schéma ou cette résonance vibratoire. Modifiez vos pensées et la vibration énergétique que vous projetez, et vous transformerez votre univers.*
- *Souvenez-vous de la raison de votre venue sur terre. Rappelez-vous que vous êtes une extension ou une facette du Créateur. Accueillez votre nouvelle réalité avec enthousiasme tout en apportant de plus en plus d'harmonie à votre monde. Soyez un mystique pragmatique – goûtez la beauté et l'opulence qu'offre le plan terrestre tout en vous délectant de la splendeur, des merveilles et de la magie des royaumes supérieurs.*
- *Vous êtes entouré d'un tétraèdre en forme d'étoile et de champs en rotation qui s'intensifient et se déploient à mesure que vous construisez et consolidez la passerelle d'arc-en-ciel ou la colonne cristalline de Lumière qui vous relie à votre Soi divin ou à la présence JE SUIS. Chez plusieurs êtres humains, cette colonne n'est plus qu'un fil ténu qui leur fournit à peine assez de force*

vitale pour les maintenir en vie. En éliminant les distorsions, vous recevrez des quantités plus importantes de Lumière du Créateur et rétablirez votre rapport interactif avec les multiples facettes de votre Soi étendu.

- *La lumière, le son et la couleur sont des éléments qui permettent de guérir et d'étendre votre conscience et votre réalité. Vous retrouvez le souvenir de quelques-uns des outils majeurs de l'état de maître appartenant à votre nature divine et à votre droit de naissance, et vous apprenez à vous en servir.*
- *Vous ne faites pas fortune. Vous laissez les richesses affluer jusqu'à vous et par vous. L'univers tente constamment de déverser l'abondance sur vous, et sous toutes ses formes. Celle-ci est toujours à portée de main, mais vous avez dressé des barrières qui vous empêchent d'y accéder. L'opulence est un état d'esprit. Pour l'obtenir, il faut ouvrir votre esprit, votre cœur et avoir les bras grands ouverts. Il y aura alors abondance de santé, d'amour, de joie, de créativité et de paix. Vous devez apprendre à vivre et à aimer en toute liberté ; à jouir du périple de la vie. L'ancien point de vue préconise qu'il faille vous battre et travailler durement pour obtenir ce que vous désirez. Une fois que vous savez comment accéder au flux universel de prospérité, la vie est un ballet et vous prenez plaisir à tout ce que vous faites.*
- *L'amour est un état naturel, une condition innée, spontanée. Quand l'amour est la force motrice de votre vie, la peur disparaît. Celle-ci découle de l'absence d'amour. Ce n'est qu'un état d'esprit. Si vous vous tournez vers l'intérieur et puisez au puits de l'amour en votre cœur, celui-ci remplit d'abord votre être intérieur pour ensuite rayonner dans le monde. Vous vous mettez alors à voir par ses yeux et il transforme votre vision des gens et de tout ce qui survient. Une superposition d'énergie aimante donne lieu à des miracles.*

- *L'ensemble des sphères d'existence de cet univers aux multiples facettes comporte des bibliothèques vivantes de savoir ; vous ne faites que commencer à puiser à même ces prodigieux entrepôts de sagesse supérieure. Des anges historiens, ou chroniqueurs célestes, tiennent des annales pour chaque pensée, action ou événement qui s'est jamais produit ou se produira jamais. Si vous guérissez et transmuez les formes-pensées douloureuses et négatives du passé, les annales cosmiques se modifient et le souvenir des épreuves traversées et des leçons apprises est effacé. Seules resteront les chroniques de vos expériences réussies, la joie du voyage et la sagesse que vous avez à partager au sujet de vos séjours dans les multiples dimensions de la Création.*
- *Une pléthore de mystères jalonnera toujours votre route de part en part du cosmos, et chacune de ces énigmes vous incitera à en trouver la solution. Vos efforts pour comprendre le fonctionnement de l'univers nous réjouissent grandement.*
- *La célébration de rituels n'est pas censée se limiter à un jour de la semaine ; ce devrait être un état de conscience élevée qui surplombe la totalité de votre être et le point focal de votre réalité. C'est votre privilège le plus noble et votre premier devoir de maintenir une attitude de vénération à chaque instant de votre vie. Efforcez-vous d'établir une relation constante, joyeuse et intime avec le Créateur. S'abreuver à l'élixir de vie attise la soif spirituelle et devient une passion dévorante conduisant à une autodiscipline édifiante, à de fortes valeurs morales. Vous n'aurez dès lors aucune difficulté à apprendre la patience, la témérité et la tolérance, et consacrerez votre vie entière au service. La sagesse divine et la révélation cosmique, voilà les récompenses qu'obtient l'explorateur sincère en quête de vérité spirituelle. Vivez votre vérité telle qu'elle s'est dévoilée à vous, vous vous entourerez alors d'une aura de paix personnifiée et d'amour sublime.*

- *La véritable spiritualité n'exige pas de se livrer à des rituels particuliers ni d'adhérer à des croyances rigides. Il s'agit d'un mode de vie consacré à la plus haute vérité, avec une dévotion totale. Il faut chercher à marier votre plus noble réalité intellectuelle, émotionnelle et spirituelle.*
- *Faites appel à votre imagination divine : soyez enthousiaste mais pragmatique, courageux mais non imprudent. Gardez une attitude confiante devant l'inconnu et efforcez-vous de manifester les visions rencontrées au cours de vos séjours dans les domaines supérieurs d'existence. Quand vous effectuez les choix moraux les plus nobles, votre âme s'infuse de l'extase de l'amour divin. Si vous désirez aligner votre volonté sur celle de notre Dieu père/mère, vous devenez partenaire, cocréateur des myriades d'univers dans le temps et l'espace.*
- *Vous êtes une étincelle du divin. En ce sens, vous devez donc vous rendre hommage et vous accorder une grande valeur et aux autres. Dans le cas contraire, vous entachez le Créateur. Vous devriez inlassablement tendre vers la liberté et la vérité pour vous-même et autrui.*
- *Le processus de résurrection de l'être humain s'est avéré une interminable lutte évolutive en vue d'atteindre un équilibre de l'être pour que l'Esprit puisse descendre et prendre les gouvernes du véhicule physique. La résurrection consiste à revenir à votre magnificence originelle en incarnant l'ensemble de votre Lumière et de vos attributs divins. L'évolution a un sens, elle n'est pas fortuite.*
- *Chacun de vous est en mesure d'apporter quelque chose de personnel et d'unique au schème divin qui s'élabore présentement pour l'avenir de l'homme et de la Terre. Le Créateur vous a accordé un don exceptionnel, soit le privilège divin de participer à la conception de votre propre destinée. Chacun peut, potentiellement, devenir un mortel glorifié. Vous êtes tous en train de devenir des mortels infusés de l'Esprit – ce qui assurera*

votre immortalité. Vous êtes doués de multiples facettes et votre conscience opère sur beaucoup plus de niveaux que vous n'êtes aptes à le comprendre à l'heure actuelle. Chacun de vous est une âme immortelle habitant un mental et un corps mortel ; il se trouve au cœur d'un processus d'expansion de l'âme et d'infusion de Lumière.

- *Il existe un temps cosmique, fluide et malléable, alors que le temps mortel est linéaire, structuré et axé sur l'événement. Vous apprenez à vivre comme des mortels spirituels capables d'accéder à la fluidité et à la magnificence du cosmos. Vous avez fait vos classes dans de nombreuses écoles de philosophie cosmique – et il vous sera possible d'y retourner, puisque vous acquerrez la capacité de franchir les domaines supérieurs d'expression. Des sentinelles de la destinée sont là pour vous guider et vous indiquer la route. Sollicitez leur aide et ils s'empresseront d'être vos serviteurs dévoués. Les êtres de Lumière représentent plusieurs perspectives divergentes et, tout comme les mortels, ils ont fait diverses expériences personnelles.*

N'oubliez pas ! Lorsque vous tous et la planète reviendrez à l'équilibre au point zéro d'harmonie parfaite, la conscience polarisée ne parviendra plus à danser et à osciller entre la Lumière et les ombres. Le conflit, la séparation ou tout ce qui vous empêche de perfectionner votre état de maître et d'engendrer la paix, la prospérité et la joie sublime pour tous deviendront superflus. Vous constatez certainement que la Lumière prévaut peu à peu chez certaines personnes et dans plusieurs régions, tandis que les ombres et la négativité s'accentuent et deviennent plus chaotiques dans d'autres. Ceci s'explique par la séparation qui s'opère à la fois en vous et autour de vous. Le moment de prendre une décision est venu. Êtes-vous disposés à manifester l'amour et la Lumière ?

Un monde de Lumière se superpose à celui des ténèbres – vous n'avez qu'à vous tendre vers lui. Même si la Terre semble à l'heure actuelle plongée dans une obscurité opaque, n'oubliez pas que vous créez votre propre réalité et que ce que vous choisissez de manifester vous appartient. Nous voilà à l'aube d'une merveilleuse Création toute neuve ; sachez que l'heure qui précède l'aube est toujours la plus sombre. Pourquoi ne pas tendre vers la Lumière et créer une réalité nouvelle de paix, d'amour, d'abondance et de joie ? Nous nous réjouissons avec vous et accueillons votre retour à la Lumière de votre réalité. Vous êtes aimés, infiniment.

JE SUIS l'archange Michaël et je vous apporte ces vérités.

11

L'odyssée de l'âme

Maîtres bien-aimés, vous êtes-vous déjà demandé quelle est la différence entre l'âme et l'Esprit ? Qu'est-ce que l'âme ? De quoi est-elle faite ? Où commence-t-elle ? Que lui arrivera-t-il après la mort ou la transition ? Dans quelle partie de votre corps est-elle ? Peut-on la perdre ? Doit-elle se racheter en raison de ses péchés passés ?

Tout au long de l'histoire de l'humanité sur terre, l'homme s'est posé ces questions et y a longuement réfléchi. Voici quelques réponses concises et simples qui affineront votre compréhension de l'univers et de vos origines divines. Il vous appartient d'admettre ou de rejeter ces explications. Comme d'habitude, nous vous conseillons d'user de discernement et de n'accepter comme votre vérité que ce qui résonne profondément en votre cœur (et en votre âme).

Sur le plan cosmique, chacun de vous est Esprit : une facette, ou rayon, d'essence divine diffusée depuis le noyau du Créateur suprême. Sur ce plan-là, vous savez parfaitement qui vous êtes et connaissez la nature de votre connexion avec le Créateur ; vous avez conscience de votre identité JE SUIS.

Sur le plan universel, chacun de vous êtes un cocréateur divin que l'on a émis sur un immense rayon lumineux réfracté afin de donner naissance à des mondes sans fin au nom de notre Dieu père/mère. Vous connaissez tous le plan divin global pour cet univers et le rôle que vous y jouez. Il est possible toutefois que vous vous souveniez de vos origines ou de votre identité sur le plan cosmique, ou vous les aurez peut-être oubliées.

En tant qu'Esprit – que nous appellerons votre « rayon divin » –, chacun est un immense être de Lumière qui a également émis des facettes, ou sous-rayons, de lui-même. Par le fait même, il a laissé des fragments de son essence dans diverses dimensions, galaxies, constellations et différents mondes de cet univers ; à son tour, chacune de ces vastes surâmes a diffusé des « étincelles » ou fragments spirituels de son essence. Le « vous » actuellement incarné dans un corps physique sur cette planète représente l'une de ces étincelles d'âme ayant consenti à s'aventurer dans le vide inconnu afin de créer toutes sortes de mondes, d'y habiter et, par la suite, de vivre ce qu'elle a créé afin que ses expériences uniques puissent être incorporées à la conscience universelle et au mental cosmique. Votre corps physique n'est que le véhicule temporaire que vous avez choisi pour abriter votre âme dans les sphères de la matérialité pendant une brève période de temps. L'Esprit, ou conscience divine, réside au sein de votre âme. C'est l'essence de la vie en vous et il vous procure une connexion ininterrompue avec le Créateur (même si celle-ci s'est sérieusement atténuée ou dégradée à certaines époques). Votre âme est une facette immortelle de votre Soi spirituel plus vaste ; elle a voyagé longtemps et loin dans l'espace et le temps afin d'acquérir de l'expérience et une plus fine perception d'elle-même. Elle contient des annales de tout ce que vous avez jamais vécu au fil des âges et au cours de vos existences. Votre âme recèle, dans le langage de la Lumière, un historique condensé de chacune de ces vies, ainsi que des annales sur un registre vibratoire spirituel détaillant tout ce qui doit être rééquilibré et harmonisé.

Vient un temps où l'âme a atteint l'ultime limite de son voyage dans la séparation ; elle est alors prête à entreprendre son retour vers la réunion et la réintégration. L'âme s'agite peu à peu d'une insatisfaction sacrée qui s'insinue tranquillement dans le mental conscient de l'être humain. L'entité humaine se met alors, il faut l'espérer, à se tourner vers l'intérieur afin de subjuguer l'ego et de se reconnecter avec l'âme et toutes les facettes de son vaste Soi. Lors de vies antérieures, d'époques révolues, cette réunion de l'âme et de l'Esprit constituait un événement hautement personnel et individuel ; ce n'était pas un phénomène collectif, car seuls quelques élus y parvenaient. Tel n'est plus le cas. Il s'agit aujourd'hui d'un éveil collectif, d'une époque globale, galactique et universelle de réunion et d'ascension vers un état de conscience altéré et infusé du Créateur et de l'Esprit. Vous aurez à l'avenir le potentiel de vous connecter aux multiples facettes de votre famille spirituelle, de votre Soi supérieur, de vos nombreuses sur-âmes et de votre rayon divin (présence JE SUIS). Sur le plan cosmique, le Créateur suprême émet désormais une radiance de lui-même par les grands soleils centraux, et celle-ci s'infiltre jusqu'à la Terre en des explosions de flamme vivante par l'entremise du soleil de votre système solaire.

L'âme peut être assimilée à un atome semence de force vitale pulsante résidant dans la région du cœur ; le noyau de cet atome semence contient la cellule adamantine divine douée d'une quantité de facettes et qui, à l'heure actuelle, est activée et infusée par une plus grande quantité de Lumière du Créateur. Chez les êtres toujours captifs de l'illusion des dimensions inférieures, l'âme ne se limite qu'à une infime étincelle de vie du cœur. Néanmoins, à mesure qu'elle s'épanouit et atteint sa pleine puissance dynamique, elle augmente jusqu'à devenir le centre de puissance solaire situé au cœur – centre qui inclut le plexus solaire, le cœur, la gorge et le thymus. On le désigne souvent « flamme triple » ; et le cœur se nomme « siège de l'âme ». L'âme communique avec vous par le biais de vos corps émotionnel et mental – les émotions passent par le centre du cœur et le mental s'exprime par la glande pinéale. Elle communique aussi en déclenchant des faisceaux de sagesse lumineuse conservés dans les zones cérébrales présentant une vibration supérieure. Une fois la connexion établie, le véhicule physique commence à en récolter les bienfaits – une meilleure santé, une vitalité accrue et un lien plus étroit avec l'élémental du corps. Nous soulignons sans cesse que vous ne pouvez « perdre » votre âme, si cela signifie pour vous perdre votre connexion au Créateur. Il est possible que vous vous égariez, mais l'âme est immortelle et ne peut jamais se perdre ni être détruite. Grâce à l'intégration de votre âme, du Soi supérieur (ou Soi christique) et de votre propre rayon divin, vous vous soustrayez à la souffrance et à l'illusion qui découlent du fait d'être séparé du Créateur.

Les grands êtres de Lumière sont venus sur terre pour donner l'exemple et indiquer les nombreuses voies menant à l'illumination. Optez pour celle qui résonne intérieurement pour vous ; elle doit cependant comporter la réintégration de votre Soi-âme/Esprit avec le Créateur par les maintes facettes de votre être résidant dans diverses dimensions de la Création. Nous savons déjà ce qu'il advient de l'âme lorsqu'elle quitte le véhicule physique et ce qui se passe dans les sphères d'existence supérieures. Ici, nous préférons nous restreindre à ces individus qui ont déjà atteint un certain degré d'harmonie et qui ont commencé à se reconnecter aux multiples facettes de leur âme et de leur sur-âme. En cette époque de changements considérables, il n'est pas nécessaire que vous quittiez votre véhicule physique au beau milieu de ce processus ; plusieurs d'entre vous évoluent rapidement sur le chemin de l'intégration. Il y a quelque temps, nous avons défini ce que signifie la « promesse dorée » : vous avez la capacité d'attirer à vous toute l'essence de votre rayon divin (présence JE SUIS) que vous êtes en mesure d'absorber. Il vous faut cependant intégrer et mettre au service du bien de tous ce que vous assimilez. Chacun de vous est doué du potentiel qui lui permettra de devenir un maître ascensionné en chair et en os, vivant, respirant, pleinement fonctionnel au niveau solaire. Voilà l'un des miracles que rend possible l'époque actuelle. Vous devez comprendre que la spirale de l'ascension possède plusieurs degrés. Puisque la Création flue, reflue et évolue, cette spirale est perpétuelle.

Nous aimerions vous faire savoir qu'un certain nombre d'âmes sur terre s'approchent de plus en plus de l'ascension galactique. Cependant, un tel phénomène exige de quitter le monde matériel et de passer à un degré vibratoire imperceptible pour les humains. Cela signifie aussi qu'il n'est plus possible de fonctionner dans un véhicule physique. Ces personnes hautement évoluées ont consenti à remettre leur ascension afin de servir et de seconder les autres sur la voie de l'illumination. Elles ont donné leur assentiment avant de s'incarner ici-bas et sont entièrement dévouées à leur mission, fermement résolues à la remplir. Nous savons qui vous êtes et nous vous rendons hommage pour votre dévouement et le service que vous rendez. Nous vous avons expliqué que vous êtes l'inhalation du Créateur. La présente époque est unique en ce sens qu'elle offre l'occasion de résoudre toutes les questions karmiques passées, de retrouver l'harmonie avec votre être immense et de participer intégralement au plan de notre Dieu père/mère visant à l'expansion de l'univers. N'êtes-vous pas disposés à renoncer aux vieilles restrictions, croyances et limitations qui vous empêchent de vous extirper du bourbier de la douleur, de la pénurie et de la souffrance ? Consentirez-vous à ouvrir votre mental et votre cœur à la sagesse supérieure de votre âme et de votre Esprit ? Les éthers, ou champs de conscience de vibration supérieure, débordent de potentialités qui n'attendent que d'être façonnées suivant vos rêves et désirs les plus grandioses.

Il y a peu de temps, nous vous avons appris comment construire votre pyramide de Lumière/pouvoir dans la cinquième dimension. Désormais, une magnifique pyramide de Lumière s'y trouve bien établie ; elle contient une reproduction holographique de la Terre. Un siège de cristal y étant réservé à chacun d'entre vous, vous pouvez vous y rendre dans vos moments de repos afin de rayonner l'amour inconditionnel vers la planète et l'humanité tout entière. Nous vous avons également enseigné à ériger une pyramide de « travail », ainsi qu'une petite pyramide sanctuaire privée. Nous vous avons aussi aidés à construire plusieurs pyramides collectives lors de séminaires donnés par notre messagère dans le monde entier. N'en doutez point : il s'agit de sources d'énergie puissantes, dynamiques et pulsantes dans lesquelles vous pouvez puiser la substance vitale primaire et pure de la Création. Aujourd'hui, nous aimerions vous aider à construire et à accéder à une autre pyramide de Lumière/pouvoir. Ce sera une pyramide à fonctions multiples de premier ordre, une structure qui attirera le degré le plus élevé d'énergie du Créateur que vous êtes en mesure d'atteindre et d'assimiler en ce moment. Après avoir lu ces instructions plusieurs fois, et quand vous les aurez bien à l'esprit, nous vous conseillons d'inspirer profondément jusqu'à ce que vous atteigniez l'état de conscience alpha ; nous vous emmènerons alors en ce voyage de retrouvailles avec vos frères et sœurs cosmiques et les multiples facettes de votre Soi.

Fermez les yeux et entrez dans le temple du cœur, là où réside votre cellule divine. Inspirez profondément tout en visualisant un portail d'or qui s'ouvre sur les dimensions de perception intérieure. Imaginez que vous êtes paré de vêtements de Lumière, l'essence scintillante de votre être véritable. Peu importe comment vous l'imaginez, ressentez que vous vous envolez de plus en plus haut vers les sphères raréfiées de la Création. Vous vous poserez quelque part dans la cinquième dimension, le degré qui vous convient parfaitement pour le moment. Directement devant vous, voyez une pyramide de Lumière, brillante et pulsante. Vous vous approchez rapidement de la porte et la franchissez. Au centre de la pyramide, plusieurs sièges de cristal entourent une estrade surélevée. D'autres sièges viendront s'y ajouter par la suite, selon le besoin, mais pour tout de suite, leur nombre suffit à ceux qui viendront se joindre à vous. Au milieu de la plate-forme, s'élève une flamme blanche luminescente alimentée par un grand générateur de cristal suspendu au sommet de la pyramide. Cette flamme est nourrie par la pure essence du Créateur suprême et s'offre à quiconque souhaite profiter de ce don sacré. Un peu à côté de cette flamme blanche se trouve une fontaine contenant une radieuse flamme violette de transformation.

Nous vous demandons d'abord de prendre un moment pour réfléchir aux choses que vous avez le plus besoin de dégager afin de poursuivre le retour à l'harmonie au sein de votre véhicule physique. Concentrez-vous sur une ou deux choses, pas plus de trois, qui doivent être résolues maintenant. Voyez-les symboliquement prendre forme entre vos mains – que ces énergies ou formes-pensées adoptent l'apparence qu'elles désirent. Ici, visualisez que vous vous tenez sur la plate-forme, vous approchant des feux violets de la transformation. Dites leur intérieurement : « Je vous bénis et vous laisse aller afin que vous vous transmutiez en un état supérieur. » QU'IL EN SOIT AINSI ET IL EN EST AINSI !

Puis, pénétrez la flamme du Créateur au centre. Sentez que vous vous imprégnez de la pure essence d'amour de la Création du cœur de TOUT CE QUI EST. Ne vous souciez de rien. Vous recevrez la quantité précise de force vitale, d'amour et de Lumière dont vous aurez besoin pour progresser facilement sur votre voie et en toute grâce. Sentez que l'on vous infuse, jusqu'au noyau de votre être, l'amour le plus tendre que vous ayez jamais connu. Déclarez pour vous-même à l'instant : « JE SUIS désormais prêt à recevoir la quantité maximale de Lumière du Créateur que je suis capable d'assimiler. Je déclare que j'emploierai ce don pour mon bien suprême et celui de tous. » QU'IL EN SOIT AINSI ET IL EN EST AINSI ! Maintenant, sortez de la flamme de l'Esprit et asseyez-vous dans l'un des sièges de cristal. Inspirez lentement dans le souffle raffiné de l'Esprit et expirez doucement l'amour/Lumière de votre cœur. Livrez-vous à ce type de respiration plusieurs fois, puis demeurez tranquillement assis un instant afin d'intégrer le don du « nouveau vous ». Sachez qu'en cet espace sacré, je suis avec vous. Invoquez-moi et je vous rejoindrai. Confiez-vous à moi comme à un vieil ami, et je vous répondrai. Les intermédiaires sont inutiles, car vous avez établi une connexion directe avec n'importe quel être appartenant aux dimensions supérieures. Qui aimeriez-vous voir se joindre à vous en cet espace sacré ? Appelez-les et ils viendront à vous. Vous pouvez également lancer un appel aux membres de votre famille spirituelle pour qu'ils vous retrouvent en ce lieu de rassemblement. Demandez aussi à vos sur-âmes et à d'autres facettes de votre être de venir au moment opportun. Plus vous apprenez à évacuer vos imperfections dans la flamme violette, plus vous faites d'espace permettant d'incorporer de la Lumière du Créateur et davantage de facettes de votre Soi. Ramenez doucement votre conscience vers le centre de votre cœur tout en intégrant ce don dynamique de l'Esprit. Respirez à fond et revenez à la perception normale.

Rendez-vous en ces lieux le plus souvent possible, bien-aimés. Plus vous absorberez d'énergie, plus votre vision prendra réalité. Chaque fois que vous vous y rendrez, vous emporterez une quantité plus importante d'énergie raréfiée avec vous dans le monde matériel. Vous érigerez une colonne d'ascension là où vous habitez, et grâce à vos efforts les vibrations d'amour/Lumière rayonneront plus largement autour de vous. Chacun de vous peut apporter une aide déterminante à son quartier, sa ville, son pays. Vous êtes tous beaucoup plus puissants que vous ne le croyez. Faites une pause ici et prêtez l'oreille au chant de votre âme qui parcourt votre corps. Vous vous accordez à la symphonie des sphères de Lumière. Bienvenue à notre univers, bien-aimés ! Venez, avançons ensemble. Vous êtes aimés, infiniment.

JE SUIS l'archange Michaël.

12

Le glaive des sept vertus

Maîtres bien-aimés, êtes-vous disposés à passer dans les royaumes de Dieu et de la Lumière unifiée qui vous attendent ? Un communiqué authentique résonne dans l'univers entier, tel un appel du cœur du Créateur afin que toutes les facettes de son être entament le processus de réunification. Nous vous enjoignons de réévaluer et de modifier votre perception des dimensions inférieures – que nous désignerons de un à cinq. Effectivement, depuis notre perspective, même la cinquième dimension est considérée comme une simple escale conduisant aux palais célestes, à des univers miraculeux et de magnifiques royaumes qui vous sont accessibles au fil de vos avancées sur la spirale de l'évolution. Le processus de rétrogradation de cet univers en particulier tire à sa fin, parce que la grande inhalation s'accélère.

Le temps est venu d'assimiler les vérités les plus subtiles de la Création, le processus de déclin, de même que celui de l'ascension, représentant les deux visages d'une histoire sans fin. Nous avons expliqué qu'il n'existe pas de démarcation définie entre les dimensions, puisqu'elles se composent en réalité d'ondes, de spirales et de degrés d'énergie électromagnétique de tangibilité variable adoptant diverses structures vibratoires et fréquentiels. Ces dimensions sont présentes et opèrent dans vos réalités internes et externes. Les expressions les plus grossières ou denses des première, deuxième et troisième dimensions jusqu'aux sous-niveaux de la quatrième sont jugées négatives et, de l'avis général, à proscrire, à condamner et à craindre. Cessez pourtant de vous inquiéter : il y a des fréquences et des manifestations désirables dans toutes les formes de la Création. C'est l'humanité qui a mal qualifié ces schémas énergétiques et engendré les distorsions, pas notre Créateur père/mère. Le corps de votre Terre comporte les fréquences des première et deuxième dimensions ; vous devez admettre que celle-ci offre encore une beauté merveilleuse, même si elle est de fait captive d'un environnement tridimensionnel depuis des millénaires. Plusieurs d'entre vous estiment qu'il faut désormais exclure tout ce qui appartient à la troisième dimension et se précipiter vers la quatrième aussi rapidement que possible afin d'atteindre le nirvana de la cinquième.

Voici un concept inédit qui vous aidera à évacuer les formes-pensées dualistes associées à la séparation, aux dimensions inférieures et supérieures, au bien et au mal, au positif et au négatif. *Cessons de désigner les sphères d'expérience terrestres comme troisième, quatrième ou cinquième dimension, et envisageons-les comme une seule dimension unifiée. Inventons un terme pour y référer : les unidimensions.* Nous y placerons les aspects, les attributs et les Créations positifs appartenant à ces sphères et que vous souhaitez y inclure. Vous vivez déjà dans un vortex, un univers de votre propre cru qui se compose, à divers degrés, des énergies de chacune de ces cinq dimensions ; pour certains, cette réalité comportera peut-être aussi un peu de l'énergie subtile des fréquences lumineuses supérieures.

Lorsque l'on pénètre dans la conscience d'unité, les nombres, les niveaux, les initiations et les statuts cessent d'exister.

Voici une élucidation plus précise encore du phénomène. Vous vivez sur terre à l'époque actuelle afin d'intégrer l'ensemble des facettes de vos créations terrestres, de la plus vile à la plus sublime. Celles-ci comprennent les énergies et schémas de création depuis le premier niveau, ou dimension, en montant ; elles comportent les règnes minéral, végéral, animal et humain, de même que les royaumes élémentaux et deviques, et ainsi de suite, jusqu'à ce que nous nous connections au royaume du Créateur primordial, de l'Un, dont nous sommes tous un aspect. Votre ADN contient des brins encodés avec des fréquences des douze rayons, ou attributs, galactiques de la Création ; pour confondre votre imagination encore davantage, d'autres brins portent les fréquences lumineuses vous reliant directement au Créateur source. Ils sont assemblés en membranes de Lumière qui n'attendent que le moment où vous serez prêts à y accéder et à récupérer les dons qu'elles détiennent. Tout au long de votre descente dans les dimensions durant le processus de déclin, les brins d'ADN furent encastrés deux par deux dans ces membranes de Lumière et gardés en réserve pour le moment où vous seriez prêts à renverser le processus et à prendre le chemin du retour. Plusieurs allégories dans la Bible, dont l'histoire de l'arche de Noé, y réfèrent. Voici le message hermétique que contient cette histoire : l'arche représente votre véhicule physique qui naviguera sur les vagues de l'énergie raffinée une fois la Terre nettoyée et élevée vers des fréquences lumineuses supérieures. Et tout comme les animaux rescapés à son bord, en couple, vous vous délierez et accéderez, deux par deux, aux brins d'ADN qui recèlent votre histoire, votre magnificence, votre polyvalence grandiose et votre conscience Dieu.

Le moment est venu, car vous avez mérité ce don, bien-aimés : *voici le glaive des sept vertus.* Depuis plusieurs années déjà, puisque vous commenciez à vous éveiller et à retrouver votre état de maître, je vous ai offert mon glaive appartenant au premier rayon de la volonté et du pouvoir divin, porteur des qualités telles la force, la valeur, la bravoure, la détermination et la sincérité. Ce glaive a toujours été accordé avec une mise en garde : il doit être employé d'une manière responsable, tempérée par l'amour et la compassion. Sa force et son pouvoir doivent servir à éliminer l'erreur et à vaincre l'adversité, et son éclat vous guidera lors du passage des ténèbres de l'illusion à l'éternelle Lumière de vérité.

Le processus de réunification implique que les vertus, attributs et aspects du Créateur vous sont offerts dans leur pleine mesure. L'un des moyens qui vous les rendra plus accessibles, c'est ce glaive des sept vertus. Outre les attributs du premier rayon, infusées en ce glaive sont les vertus du deuxième rayon (amour, sagesse), du troisième (intellect supérieur et parole), du quatrième (beauté, harmonie et recherche artistique), du cinquième (plan mental supérieur et savoir concret), du sixième (dévotion et idéalisme) et du septième rayon (liberté, rédemption, purification et transmutation), la flamme violette sacrée. On vous accorde tous les outils dont vous aurez besoin pour évoluer avec grâce au fil de l'ascension galactique, un processus qui se déploie à un rythme ahurissant et qui promet de s'accélérer encore plus d'ici les prochaines années de votre calendrier.

Dans le passé, nous avons expliqué par le menu les cinq rayons galactiques supérieurs, leurs couleurs, leurs attributs et le fait qu'ils sont un amalgame des sept premiers rayons infusés de l'éclat christique luminescent du Créateur. L'information fournie précédemment sur les douze rayons subit peu à peu des modifications ; on la redéfinit et la met à jour afin de s'ajuster aux schémas et aux fréquences de la Création récente. Ainsi, chers amis, ne vous étonnez pas de recevoir des informations équivoques provenant de diverses sources, au sujet des couleurs des rayons et de leurs fonctions. Prêtez l'oreille aux murmures de votre cœur et de votre sagesse, et adoptez comme votre vérité ce que semble valider le chakra du cœur. Nous pénétrons tous en territoire inconnu, et ce qui était vrai jadis sera aujourd'hui mis à jour et réécrit afin de s'adapter au cadre du plan du Créateur, en fonction des nouveaux débuts imminents. Nous ne savons pas ce que ces derniers nous réservent, mais nous avons la certitude que ce sera fondé sur la conscience unifiée. Et, par le biais d'un mandat divin, on nous a assurés que plus jamais vous ne serez fragmentés à un point tel et forcés de voyager seuls au fil d'éons. La présente expérience est jugée terminée, et ne sera plus jamais réitérée.

Bien-aimés, après avoir parcouru ces lignes, fermez les yeux et ressentez le pouvoir et la vérité de ce que nous vous offrons : nous plaçons entre vos mains le glaive des sept vertus doué des énergies des cinq rayons supérieurs qui n'attendent que d'être intégrés au moment opportun (fort probablement dès maintenant pour plusieurs). Dans votre main droite, nous déposons un calice, un Graal, et ouvrons à la prospérité le portail galactique grâce auquel l'abondance, la splendeur et l'opulence de la Création vous sont désormais accessibles. Visualisez que votre coupe s'emplit à ras bord, qu'elle déborde même pendant que vous prenez ce dont vous avez besoin et partagez ensuite de bonne grâce votre abondance. Nous déposons dans votre centre de puissance solaire (la région comprenant le plexus solaire, le cœur, le thymus et la gorge) un cœur fait de quartz rose. En ce cœur réside un lotus dont le noyau contient une étincelle de la flamme violette. Si vous aspirez à recevoir ces dons de tout votre cœur et décrétez que vous allez les employer pour le bien suprême de tous, alors soyez certains que vous êtes prêts à les recevoir. Répétez, chacun de vous silencieusement : « Je suis prêt. » Et le tour sera joué.

Vous vous réunissez régulièrement lors de séminaires, de rencontres hebdomadaires et dans votre pyramide de pouvoir/Lumière, et goûtez enfin la joie de la conscience unifiée, de l'harmonie et de l'amour inconditionnel. Permettez-nous d'expliquer ce qui se passe présentement et ce qui risque de se produire de plus en plus.

La plupart d'entre vous ont dégagé les couches de protection éthériques dont s'entourait leur chakra du cœur depuis des millénaires afin de les protéger contre la douleur et le bombardement d'énergies négatives. Aujourd'hui, elles rayonnent depuis leur centre de puissance solaire l'amour/Lumière du Créateur. Avec le cœur de quartz rose en place, vous êtes assurés qu'il est sans danger et opportun d'ouvrir tout grand votre cœur, le portail menant à votre essence de divinité. L'étincelle de flamme violette y réside ; elle joue le rôle d'un filtre transmuant et harmonisant toute énergie résiduelle qui ne serait pas entièrement en harmonie avec le chant de votre cœur cosmique. Dorénavant, lorsque vous vous retrouverez, vous émettrez ces courants d'amour/Lumière qui constituent votre présent à la race humaine et à notre biosphère ; en retour, on vous accordera une mesure à jamais croissante des dons d'amour/Lumière de la part de vos frères et sœurs.

Nous, des royaumes supérieurs, en sommes aussi au processus de réunification. On nous a dépêchés afin de réaliser nos missions uniques et spécialisées ; nous réintégrons les énergies, les attributs et les vertus des rayons, et nous nous groupons également en vue de produire les forces unifiées de Lumière. Nous rassemblons aussi nos messagers et, comme vous l'avez peut-être remarqué, nous vous faisons parvenir une information analogue par des sources diversifiées. Pour y parvenir, l'ego des élus a dû être affûté et dompté ; chacun a été durement éprouvé pour s'assurer d'être prêt à passer dans les sphères de conscience unifiée. Les fondations sont posées ; à compter de ce jour, un nombre croissant de ces généreux émissaires de sagesse se joindront à l'escouade de Lumière et assumeront des positions de leadership. Nous formulons des plans d'une envergure toujours plus importante qui mettront à contribution plusieurs d'entre vous, puisque le temps s'accélère et qu'un nombre grandissant de merveilleuses âmes ouvrent leur cœur et aspirent à découvrir la Lumière de vérité. Nous avons besoin de vous, chers amis. Ne vous y trompez pas, car chacun de vous a un rôle décisif à jouer. Que ce soit à la maison, au travail ou durant vos échanges quotidiens avec ceux qui vous entourent, et notamment avec nos précieux enfants, ouvrez votre cœur et permettez à l'amour/Lumière du Créateur de guérir et de vous entourer tous. Vous serez semblables au personnage légendaire *Johnny Appleseed, quoique vous sèmerez plutôt les graines d'amour/Lumière qui porteront des fruits enchanteurs : *des âmes illuminées prêtes à se tendre pour retrouver l'arbre de vie.*

Il nous faut joindre nos forces, et le plus tôt ceci s'accomplira, le plus rapidement la Terre et ses peuples pourront effectuer une transition sans heurt vers le stade d'expression subséquent. Visualisez un monde de paix, d'abondance et de joie où tous sont égaux. Un monde sans frontières, sans restriction ni démarcation entre nations, races ou religions, où l'amour fraternel représentera la norme et l'harmonie prévaudra. Cette utopie est possible, bien-aimés, et réalisable. Et

---

* Johnny Appleseed : De son vrai nom John Chapman.Cet homme passa 49 ans de sa vie dans les forêts américaines semant des graines de pommes. Son plus grand rêve était de voir un pays où les pommiers en fleurs seraient partout et plus personne n'aurait faim. Il décéda en 1845 à l'âge de 70 ans.

nous souhaitons ardemment que ce soit plus tôt, que tardivement. Rejoindrez-vous les rangs des guerriers de la paix au moment où les escouades de la Lumière balaieront le monde, le système solaire, voire la galaxie ? Tous les êtres de l'univers ont les yeux rivés sur nous, les auteurs de ce miracle. Ils n'y croyaient pas, mais nous étions persuadés de pouvoir réussir. Car, voyez-vous, nous avons toujours su votre bravoure et la ferveur de votre désir de joindre votre famille de Lumière. Tendez la main et acceptez les dons que nous vous accordons, bien-aimés, et nous éclairerons votre voie. Sachez que vous êtes aimés, chéris, infiniment.

JE SUIS l'archange Michaël.

13

Serez-vous parmi les élus ?

Maîtres bien-aimés, une année nouvelle débute pour plusieurs d'entre vous. Cependant, depuis notre perspective, c'est l'aube d'une ère nouvelle, d'un nouvel âge d'or. Autrefois, pour apparaître sur le plan terrestre, toute création inédite exigeait d'y mettre un effort important, de souffrir, lutter et affronter toutes sortes de difficultés. Ce mode de création a toujours cours en plusieurs régions de votre monde ; il est pourtant superflu. Nous vous avons expliqué que la Lumière se dissocie des ténèbres, comme si deux univers distincts s'étaient presque superposés l'un à l'autre. L'un est affligé à des degrés divers par la peur, la haine, le jugement, l'avidité et une soif de contrôle et de conquête des territoires, ainsi que d'un désir de dominer et de subjuguer les peuples par n'importe quel moyen. Les milliards de jeunes âmes si merveilleuses mais captives du maelström de ce chaos grandissant sont celles qui en souffrent le plus. Ce monde-là se détériore rapidement, car une couche de formes-pensées négatives descend sur ces régions, amplifiant les vortex de la haine qui y sévissent. Il s'agit naturellement de vortex d'obscurité, comme il existe des vortex lumineux ; pour ces endroits, l'apocalypse annoncée est déjà là.

L'univers de Lumière qui se superpose à celui des ombres en est un d'espoir. C'est un monde qui multiplie ce qui est beau, harmonieux et tout ce qui touche l'amour fraternel, la paix, la joie et l'abondance. C'est un univers où l'Esprit et l'humanité ont conjugué de nouveau leurs efforts, où tous endossent leur armure spirituelle, car symboliquement nous marchons pour montrer qu'ensemble nous sommes invincibles. En cet univers-là, vous maîtrisez graduellement les lois universelles de la Création en produisant de plus en plus de manifestations tangibles de vos désirs dans votre coin du paradis. Les miracles, petits ou grands, vont bon train, puisque vous accédez à votre source divine et devenez les parfaites partenaires de votre présence JE SUIS et des assistants angéliques. Votre Lumière brille plus ardemment et vous représentez une force positive apportant le bien dans votre sphère d'influence.

Dernièrement, nous avons abordé le pouvoir de la pyramide. Voici une autre façon d'employer ce pouvoir. Imaginez que cette pyramide soit pourvue, sur ses quatre faces, d'escaliers menant à son sommet.

À la base, sur deux côtés, se tiennent toutes les chères âmes captives du tissu de déceptions et de la vibration inférieure. Ces gens tentent désespérément de contrôler leur univers de négativité par tous les moyens possibles, une réalité qui s'effondre rapidement. À l'opposé, toujours au bas de la pyramide, se trouvent les âmes qui luttent pour survivre et vivre de l'unique manière qu'elles connaissent. Elles sont sous l'empire de forces sur lesquelles elles ne semblent exercer aucun contrôle. Voilà pourquoi elles sont également assujetties, à divers degrés, à la limitation, à la peur et à la négativité. Cependant, tout au fond d'elles-mêmes, elles éprouvent le désir de se reconnecter au Créateur et de réaliser leur mission sur terre, mais ce désir s'exprime généralement sous la forme d'une insatisfaction marquée.

Le sommet se coiffe d'un dôme de Lumière. Tôt ou tard, vous y parviendrez, guerriers de la Lumière et de la paix, comme tous ceux qui se sont alignés sur la Lumière et notre Créateur lors de cette expédition cosmique visant à rétablir le paradis ici-bas. Étant donné que nous nous rassemblons dans notre pyramide de Lumière qui forme le chaperon et que nous diffusons de l'amour inconditionnel vers la Terre et l'humanité entière, nos forces bienveillantes alliées rayonnent sur ceux qui se trouvent à la base de la pyramide et sur les degrés partant de là. Ce don est à la disposition de quiconque souhaite en profiter ; il n'y a qu'à ouvrir son cœur pour que l'amour/Lumière du Créateur déferle à l'intérieur. La Lumière cherche toujours la Lumière au sein de l'obscurité. Même si l'étincelle ne luit que très faiblement chez la personne, elle a le potentiel de s'embraser et de briller ardemment. Aussitôt, cela facilite et accélère le processus de guérison et d'équilibrage, si bien que n'importe qui, nonobstant qui il est ou ce qu'il a fait, est capable de s'élever rapidement le long de la pyramide de l'ascension pour enfin pénétrer la Lumière. Nul n'est exclu. Le Créateur tient grande ouverte la porte menant à la rédemption, pour qu'ainsi chacun puisse la franchir. Il s'agit là d'une occasion rarissime qui se présente à l'heure actuelle, d'un don offert uniquement à la fin d'une ère et au début d'un âge nouveau.

Les énergies pyramidales sont constituées de force vitale, que ce soit sur le plan éthérique d'expression ou sur le plan physique. À l'intérieur réside la conscience manifestée du Créateur ainsi qu'un champ énergétique contenant l'ensemble de la pure substance vitale primaire qui sera requise pour transformer la planète et les créatures vivantes. Votre corps comporte également des formes pyramidales de conscience lumineuse qui sont activées lorsque vous équilibrez les patterns fréquentiels en vous et que vous élaborez vos réceptacles de lumière. À mesure que ce processus s'accélérera, vous ranimerez également les cristaux de la matrice de pouvoir partout dans votre corps, les sphères cristallines de conscience galactique, le chakra de l'ascension à la base du crâne et votre cristal semence JE SUIS au troisième œil. Comment accéder à ces dons bénis ? En passant à l'harmonie, intérieurement et extérieurement, au point zéro de la conscience Dieu à partir duquel vous opérez à un mode neutre ou rayonnez de la force vitale dans le monde.

On cite souvent le vieil adage : « Plusieurs sont appelés, mais peu sont élus. » Vous êtes parmi ceux qui furent appelés, sinon vous ne seriez pas sur terre, incarnés dans un véhicule physique, en cette époque fabuleuse. Il faut modifier ce dicton, car un grand nombre parmi vous sont désormais élus. Qui donc procède à cette sélection ? Chacun de vous. Vous vous sélectionnez vous-même. Vous devez décider dans quel monde vous allez vivre, et choisir l'endroit où vous résiderez sur la pyramide de vie. Personne ne peut le faire à votre place. Il s'agit de décisions que chacun doit prendre personnellement. Mais une fois la voie de la Lumière choisie, nous vous conduirons par la main et faciliterons votre chemin jusqu'à ce dôme lumineux.

Permettez-nous de récapituler quelques-unes des directives données auparavant. Il s'agit de mesures à prendre, ou de niveaux de conscience à atteindre, afin d'arriver à l'état de maître.

- *Votre personnalité, votre ego doivent s'accorder à votre âme, à votre Soi supérieur et il vous faut chercher à réaligner vos divers plans de réalité, à vous harmoniser avec votre Soi christique et votre présence JE SUIS.*

- *Il est indiqué d'écouter ce que les autres ont à dire, d'apprendre d'eux, mais vous n'avez plus désormais à suivre aveuglément les enseignements d'autrui. Vous devez chercher à valider et à vivre votre propre vérité du mieux que vous le pouvez, une fois que celle-ci a été authentifiée par la sentinelle du cœur. La vérité du Créateur vous insufflera invariablement sa puissance ; elle est aimante et vise au bien suprême de tous.*
- *Visiter votre pyramide de Lumière est en soi l'un des moyens les plus rapides et définitifs d'accéder à la source divine de Création. Visualisez des milliards de minuscules pyramides cristallines, lumineuses et emplies d'énergie et de conscience divine appartenant à la vibration la plus élevée. Ces petites structures descendent, vous entourent et vous emplissent, faisant naître en vous de nouvelles formes-pensées, des idées et une inspiration toute fraîche. Puisez à même cette force dynamique du mental universel, servez-vous-en pour vous dégager du confinement terrestre et des contraintes imposées par les croyances collectives.*
- *Assimilez les lois de la Création, de la manifestation universelle. Apprenez à distinguer entre les désirs de l'Esprit et ceux de l'ego. Les désirs, les manques et les besoins de l'ego sont issus de l'émotion – l'individu cherche à l'extérieur quelque chose, quelqu'un ou une activité qui saura satisfaire sa soif intérieure. L'ego n'est jamais satisfait. Il est sans cesse en quête d'une personne ou d'une chose qui assouvira ses envies, souvent devenues des dépendances. Quand vous êtes en accord avec l'Esprit, tous vos besoins et désirs physiques n'espèrent qu'une chose : leur réalisation. Attendez-vous à ce qu'il en soit ainsi, exigez-le ! Il vous faut néanmoins participer activement à tout cela et poser l'action concrète qui fera fructifier vos rêves. Vous devez activer et attirer à vous les vibrations positives indispensables à la concrétisation de vos visions.*

- *Le plan terrestre est régi par la loi de l'action et de la réaction. Dans un univers de polarité et de dualité, les forces antagonistes sont vos meilleurs maîtres. Les expériences négatives vous font prendre conscience de votre propre vérité par l'entremise d'expériences pertinentes. Le temps est venu de laisser de côté l'indécision. Mesurez, sentez avec le cœur et le savoir intérieur ce qui constitue une action, une pensée juste ou mal avisée. En tirant la sagesse d'un événement ou d'une interaction avec quelqu'un, vous vous libérez du syndrome de cause à effet qu'engendrent vos actions et que l'on nomme autrement karma.*
- *Il est essentiel que vous compreniez le vrai sens de la vie et de la mort. Le déguisement que vous avez adopté en cette vie ne représente qu'une infime facette de votre identité véritable, de ce que vous avez été et serez à l'avenir. Le passage, ou mort, du véhicule physique n'est qu'une transition vers une autre condition de l'être.*
- *Montrez-vous assidus dans vos efforts pour modifier les anciens schémas de pensée au sujet de la mort. Affranchissez les âmes de vos proches avec amour ; ne les retenez pas sur le plan terrestre par votre chagrin. Naturellement, ils vous manqueront terriblement et vous traverserez une période de deuil, mais sachez qu'ils sont toujours avec vous en Esprit. En leur transmettant votre énergie bienveillante, vous aiderez ceux qui ont transcendé à passer plus rapidement dans les royaumes d'amour/Lumière. Bien-aimés, vos proches ne finissent pas dans des limbes informes ; ils se retrouvent plutôt dans un monde merveilleux et plus réel encore que celui où vous résidez. Là, ils peuvent vivre dans la joie, servir autrui, apprendre et faire l'expérience de tout ce que leur cœur a jamais désiré sans pouvoir l'obtenir sur le plan terrestre. Et si vous le souhaitez, plus tard vous pourrez communiquer avec eux. Mais il faut d'abord ouvrir la voie à la communication télépathique*

avec ceux qui habitent les domaines invisibles. Plusieurs choisissent de quitter votre planète en cette époque de grands tumultes. Sachez qu'ils atteignent, ou atteindront, un lieu de délices où la paix et l'harmonie prévalent et que, depuis leur condition d'être élevée, ils vous prêteront main-forte de mille manières.

- *Vous devez apprendre la patience et comprendre que le temps tel que vous le concevez se transforme rapidement. Échafaudez vos visions en accord avec l'Esprit. Lorsque vous vous alignerez sur celui-ci, tout se manifestera au moment opportun et dans les circonstances appropriées. Il faut vous montrer patients vis-à-vis de ceux qui vous entourent et tenter de percevoir le meilleur chez les gens et dans les choses ; vous amplifierez ainsi l'énergie positive et contrecarrerez la négativité ambiante. Vous vous élèverez ainsi au-dessus du monde matériel et retrouverez équilibre et harmonie en vous. Votre rayonnement s'étendra de manière exponentielle et vous émettrez l'amour/Lumière depuis votre centre de puissance solaire. Cet état deviendra bientôt naturel et vous percevrez le monde et les événements depuis une perspective supérieure, celle d'un maître. Vous avez traversé des cycles sans fin d'indigence et de prospérité dans toutes les sphères d'expression, et ces pérégrinations vous auront éventuellement conduits à la conclusion que la véritable richesse se résume à recouvrer la sagesse de votre âme, de votre Soi supérieur et à vous réunifier au Créateur. Lorsque vous harmoniserez tout de nouveau, le coffre aux trésors qui contient votre droit de naissance divin s'ouvrira tout grand.*
- *Votre sensibilité s'accroît, vos besoins et vos désirs changent. Vous êtes, chacun de vous, en train de devenir une personne recherchant la paix, appréciant la solitude. Vous vous sentez mal à l'aise dans les situations sociales dégageant une vibration inférieure et préférez les éviter. Afin de découvrir celui ou celle que vous êtes vraiment, il faut demeurer dans la solitude. Vous*

êtes unique et devez apprendre à agir à partir de votre intuition, non de vos émotions. Il faut commencer à l'intérieur de vous ; retirez d'abord les effluves d'énergie dirigés vers les autres et tranchez les cordons ou courants énergétiques que d'autres ont attachés à vous par le plexus solaire. Bénissez-les lorsqu'ils reprennent leur route et vous, la vôtre. Lorsque vous n'aurez plus de réactions émotives devant les événements apparemment négatifs qui surviennent dans votre vie, vous saurez que vous êtes désormais en harmonie avec le Soi.

- *Vous transcenderez les influences astrologiques de votre ciel astral au moment où vous intégrerez les énergies positives des douze signes du zodiaque ; et au cours de vos envolées nocturnes, vous rendrez visite aux sept sphères de la conscience Dieu afin d'aider à l'intégration des énergies positives, des vertus et attributs des sept rayons. Ainsi, vous équilibrerez et activerez l'ensemble des chakras majeurs et mineurs du corps physique. Les cinq rayons supérieurs de conscience galactique seront également intégrés en vous. Ils transmuent, activent et redéfinissent votre ADN, accélérant ainsi le processus d'élaboration de votre réceptacle de Lumière.*
- *Plusieurs d'entre vous ont entamé, ou sont prêts à entamer, leur véritable mission, peu importe ce qu'elle est. N'oubliez pas, cependant, que l'objectif visé consiste à faire de vous des convoyeurs d'amour/Lumière. Il faut vivre votre vérité en apprenant à vous y conformer et à modeler votre vision. Vous devez revendiquer et reconnaître chaque facette de votre être, tout en cherchant l'harmonie et la conscience d'unité.*

Bien-aimés, nous savons qu'il y aura des souffrances, des malaises et beaucoup d'angoisse au cours de ces processus accélérés et des bouleversements mondiaux. Sachez cependant que grâce à nos efforts conjugués, nous vaincrons l'adversité. Notre mission consiste à éclairer la voie de toute âme qui exprime le désir de retrouver l'harmonie. Sachez aussi que chacun de vous fait et fera la différence.

Chers amis, lorsque le doute vous assaille, lorsque vous cherchez l'inspiration ou avez besoin de refaire vos forces, venez dans votre pyramide de Lumière et nous vous donnerons le courage, nous vous remonterons le moral et vous inspirerons. Quand vous vous sentez seuls, mal aimés, centrez-vous sur votre cœur et vous nous y retrouverez, prêts à vous emplir d'un amour radieux pour l'ensemble de la Création.

JE SUIS l'archange Michaël.

14

Harnacher le pouvoir de Création

Maîtres bien-aimés, poursuivons l'enseignement sur le plan divin du Créateur et les mécanismes de l'omnivers. L'intention, ou plan, du Créateur consistait à faire l'expérience d'une part plus grande de lui-même et des multiples facettes du Soi. Chacun de vous est une version réduite du tout ce qui est ; en votre âme et ADN sont encodés les vertus, aspects et attributs du Créateur suprême. Chacun est donc un aspect intrinsèque au sein d'une cellule du Créateur, aspect qui fut extériorisé. À ce titre, on lui a accordé le statut d'un dieu cocréateur nanti des droits, des bénéfices et des bénédictions de notre Créateur père/mère.

Notre histoire de la Création débute au moment où le Créateur suprême reposait dans la vacuité infinie. En lui se trouvait tout ce qui avait jamais été et tout ce qui serait jamais. Il s'agit du point zéro de la Création originelle. Le désir s'éveilla en ce Créateur de faire une expérience plus vaste de lui-même, et s'anima, engendrant une sphère distincte au cœur de la vaste sphère de son être. Néanmoins, comme il n'arrivait toujours pas à s'observer lui-même, il créa une autre sphère qui le reflétait ; celle-ci devint le signe d'infinité, par lequel il pouvait contempler et vivre les deux facettes de lui-même.

Plusieurs éons passèrent et le Créateur suprême institua son plan divin en vue de l'expression du Soi. Depuis l'intérieur du point zéro du signe d'infinité, celui-ci se divisa et émit le rayon doré représentant les aspects masculins en lui : le pouvoir, la volonté, l'énergie dynamique orientée vers l'extérieur de la première cause ; et le rayon argenté symbolisant son aspect féminin : une énergie bienveillante, créative, intuitive et tournée vers l'intérieur. Ces rayons furent nantis du mandat divin : « Allez et multipliez-vous. Façonnez des paradis d'une grande diversité en mon nom et avec mes bénédictions. »

Après un moment, le rayon doré et l'argenté se réunifièrent pour adopter la forme d'un diamant allongé. À la pointe ultime de ce diamant, là où ces deux énergies dynamiques pures se mariaient, apparut une autre sphère, ou cercle, qui contenait des milliards de fragments de leur essence combinée. À leur tour, ces fragments émirent des millions de rayons depuis l'intérieur de la sphère qu'ils avaient créée ; certains rayons étaient plus gros, d'autres plus petits, quelques-uns étaient plus courts, d'autres plus longs, mais tous contenaient la même essence de notre Créateur père/mère et s'assemblaient de la même manière. Le processus se poursuivit au cours d'éons, à mesure que des univers, des galaxies, des systèmes solaires, des planètes et vous, sous la forme de votre présence JE SUIS, étaient créés. À leur tour, les êtres humains, en tant que représentants de notre Créateur père/mère, se sont vu accorder le don divin de la procréation. Le désir d'union s'instilla en eux, et lorsque leurs corps féminins et masculins s'unirent, les forces vitales s'allièrent, et de l'ovule de leur essence naquit une vie nouvelle, une autre création.

Vous n'avez jamais été déconnectés du Créateur, vous aviez tout simplement oublié votre identité véritable et vos origines célestes. Imaginez un immense générateur, une source électrique, pourvu de centaines de prises, ou d'extensions. Plusieurs de ces prises, reliées à d'autres, s'allongent ainsi sans fin. Plus vous en avez, plus votre énergie se dilue ou s'affaiblit. Imaginez ensuite que les fiches, le point de jonction des extensions, se dissolvent et qu'ils deviennent un seul courant où l'énergie peut couler librement, sans entraves, jusqu'à son point ultime. Puis, voyez ou sentez l'énergie depuis la source de pouvoir qui croît peu à peu, chaque semaine ou chaque mois. Cette représentation mentale vous donnera une idée de ce qui se passe sur terre, et de la nature de votre expérience et de celle de l'humanité. En retirant les jonctions des cordons d'extension de Lumière/vie et de vous, vous éliminez les distorsions que vous avez engendrées et vous vous mettez à recevoir le courant direct en provenance de la Création.

Un message précédent expliquait comment le Créateur suprême est demeuré observateur du processus créatif, accordant le libre arbitre aux déités père/mère de chaque univers, aux émissaires de Lumière, aux dieux cocréateurs, aux royaumes angéliques, aux constructeurs de la forme et à vous-mêmes. Les vastes cycles en spirale de Création et de l'évolution tournent, et une fois encore le temps de la moisson, des retrouvailles, de la réunion des cellules de Création en prévision du prochain projet créatif d'envergure, toujours au stade d'incubation. Le Créateur suprême s'est mis à émettre de vastes rayons de son essence par l'omnivers, et ce don des plus précieux est accessible à ceux qui lui ont préparé une place où se poser. Voilà le processus que vous vivez présentement, bien-aimés. À divers degrés, l'humanité entière ressent une insatisfaction sacrée, une soif d'intangible, qui s'avère cependant tout à fait réelle. Les anciens comportements, les vieux paradigmes, ne fonctionnent plus ; ils ne comblent plus vos besoins, peu importe vos croyances actuelles, votre statut, votre richesse ou votre mode de vie.

Nous avons abordé le thème de l'abondance à plusieurs reprises, mais les questions de pénurie, de survie, de privation et de sacrifice demeurent quelques-unes des formes-pensées incrustées dans la conscience collective. Il s'agit là de l'un des obstacles principaux pour ceux qui se sont engagés sur la voie de la perception lucide. D'ailleurs, nombreux sont les individus qui se demandent pourquoi ils luttent constamment pour leur survie et restent fauchés, alors qu'ils s'efforcent d'accéder à l'état de maître et d'accomplir leur destinée spirituelle. Pendant des millénaires, le concept de service au Soi a été perçu comme maléfique, alors que le service envers autrui était vu comme saint ou indiqué. Nous vous avons incités à maintes reprises à vous emplir à ras bord de l'amour/Lumière du Créateur et à le partager avec votre entourage. Vous devez réclamer votre droit de naissance divin, accueillir et employer toutes les vertus, tous les aspects et attributs que comporte ce droit, dont celui d'être cocréateurs de l'amour, de la paix, de la joie et de l'abondance en tout.

Nous avons souligné plusieurs fois le fait que vous vivez dans un monde de polarité, de dualité qui, en soi, n'est pas négatif, maléfique ou sacrilège. Vous êtes ici afin de cocréer au sein de cette dualité et de préserver votre équilibre ou d'emprunter la voie du milieu. C'est pourquoi il doit y avoir un juste milieu entre le service aux autres et celui au Soi. Comment arriver à aimer autrui si vous ne vous aimez pas vous-même ? Comment parvenir à irradier la joie et la paix si vous n'avez pas ces énergies, ces qualités en vous ? Quand vous vous accordez de la valeur, quand vous vous appréciez, vous accordez aussi une valeur à votre temps et à vos créations, car vous mesurez l'effort que vous a coûté la réalisation de vos rêves et de vos visions. Vos instincts créatifs et vos talents sont un cadeau du Soi divin ; en y ajoutant l'intention et l'action focalisées, vous êtes en mesure de produire des choses d'un prix inestimable. Si vous désirez partager vos créations avec d'autres, il faut leur donner à eux de la valeur, qu'ait lieu un échange énergétique. Il s'agit là d'une loi universelle. Si vous ne reconnaissez aucun prix à vos créations, personne d'autre ne le fera et celles-ci sombreront dans le domaine des « non-choses ».

En tant que cocréateurs, vous avez tous la capacité de manifester ce que vous pouvez imaginer ou désirer, mais il vous faut assumer la responsabilité de ce que vous créez. N'oubliez pas cependant que vous recherchez, en vérité, une condition d'être et non plus des richesses ou des « choses ». Plusieurs chères âmes espèrent posséder une résidence somptueuse, faire fortune, devenir célèbres pour ainsi acquérir un sentiment de valeur personnelle, alors que d'autres vivent simplement, avec peu de biens, jouissant de la beauté, de l'exubérance et des merveilles de la Création. L'argent est un symbole, un moyen d'échange qui représente le temps et l'énergie dépensés pour obtenir quelque chose ou un service. L'argent en soi est sans valeur aucune ; il ne vous gardera pas au chaud, n'apaisera pas votre faim et ne vous rendra nullement heureux. La joie et la sérénité véritables viennent de l'intérieur et sont alimentées par le puit du Créateur.

Combien de fois avez-vous entendu : « S'il s'agit de spiritualité, alors ce doit être gratuit. » Peu importe l'effort fourni dans le but d'inventer ou de générer quelque chose ayant un prix pour d'autres, nombreux sont ceux qui estiment que cela doit être offert gracieusement. Ceux qui considèrent avoir droit à des dons spirituels sans y mettre le prix éprouvent aussi, généralement, des difficultés à obtenir l'abondance dans leur vie. D'autres encore ne se sentent pas dignes de leurs dons créatifs ou de l'abondance, et l'univers corrobore cette opinion, comme le veut la loi divine.

Chers amis, n'allez pas croire que nous vous conseillons d'éviter de vous montrer généreux. Partagez vos dons et vos créations, mais sentez-vous suffisamment dignes d'accepter les présents et les offrandes, ainsi que certaines formes d'échanges énergétiques. Laissez l'Esprit et votre cœur vous guider. Accordez une valeur à vos créations, mais lorsque vous en sentez l'inclination, donnez avec plaisir et recevez avec joie et gratitude. L'échange énergétique peut n'être fait que de gratitude et d'acceptation bienveillante, mais cela suffit. Et ne l'oubliez pas, la clef c'est le juste milieu.

Bientôt, notre messagère se rendra dans les îles sacrées d'Hawaii où elle présentera de l'information que nous lui avons transmise récemment. Nous partagerons avec vous une autre vision de la Création afin que vous puissiez acquérir une meilleure compréhension des raisons pour lesquelles un nombre si important d'entre vous est attiré par ces édens insulaires et d'autres lieux similaires. Lorsque le schème divin pour la planète Terre fut conçu, il fallut décider de la manière dont les multiples aspects et attributs du Créateur seraient représentés et manifestés ici-bas. L'un de ces attributs était la fragrance du Créateur. Le récit exposé ci-après éveillera des souvenirs chez plusieurs, car vous y étiez et vous avez participé à ce processus créatif aux côtés des merveilleux royaumes deviques et élémentaux.

Les déités cocréatrices s'assemblèrent en ce que l'on peut appeler une « mise en scène dans les domaines les plus élevés de cet univers » et une longue discussion s'ensuivit sur la façon d'incorporer les différentes fragrances du Créateur en un monde matériel. Finalement, on décida de concevoir de sublimes formes-pensées dotées des couleurs des grands rayons et des mille nuances subtiles dérivées, et que chacune comporterait le parfum unique de l'un des aspects de notre Dieu père/mère. Ces créations devinrent les fleurs qui parent votre planète à profusion.

Plusieurs d'entre vous étaient présents : les amoureux de la nature, notamment ceux qui adorent les multitudes de fleurs apportant tant de grâce à votre environnement et qui l'embellissent. Vous avez aidé à concevoir ces végétaux et leur avez attribué un parfum individuel. Le sens de l'odorat est l'un de vos précieux cadeaux, il peut séduire et éveiller quantités d'émotions, de souvenirs et de désirs. Vous vous rappelez que l'odeur est un puissant facteur permettant de maintenir un sentiment de bien-être ; c'est aussi un outil de guérison, telles les essences florales. Les fleurs ne sont pas seulement agréables à l'œil ; elles transforment une pièce triste en un lieu enchanteur nanti d'une aura de sérénité, car elles suscitent en vous la mémoire du paradis.

Au début des temps, à l'ère de la Lémurie, vous avez participé à la manifestation de la flore et de la faune qui agrémenteraient la Terre. Vous avez passé des milliers d'années (en temps terrestre) à vous exercer dans les royaumes supérieurs, jusqu'à la maîtrise de cette méthode. Les premières fleurs conçues furent la rose et le lotus. Voilà pourquoi elles sont si spéciales à vos yeux de Terriens. Imaginez que vous êtes des êtres de Lumière parfaits, capables de manifester instantanément tout ce qu'ils envisagent. Vous étiez semblables à des enfants heureux, exubérants et innocents qui se délectaient de leurs inventions. Ce souvenir est enfoui au plus creux de votre essence, mais vous n'avez jamais oublié et espérez le retour de cette époque où cette planète était un éden enchanteur.

L'archipel d'Hawaii détient les derniers vestiges intacts de la Lémurie et sa langue se rapproche du dialecte qui avait cours lorsque vous, Terriens, avez commencé à utiliser vos cordes vocales pour communiquer. D'abord vinrent les sons vocaliques, coulants, puis les consonnes, plus abruptes, s'ajoutèrent pour former différents mots et langages. Il a été dit que l'archipel d'Hawaii porte les battements du cœur de la Terre-mère. Nous ajoutons qu'il recèle aussi les souvenirs de vos origines. Quand vous vous y rendez, l'essence des îles et des fleurs apaise votre âme et stimule vos facultés sensorielles. De nombreux jardins idylliques semblables sont disséminés partout sur la planète, bien-aimés. Visitez ceux qui sont situés près de chez vous et reposez-vous au sein de la beauté sereine qui vous entoure. Les yeux clos, laissez vos sens vous emporter en un voyage intérieur. Vous serez peut-être étonnés des réminiscences qui feront surface. Chers amis, façonnez votre propre sanctuaire sacré là où vous vivez, entourez-vous de fleurs et demandez aux anges deviques et aux élémentaux de se joindre à vous. Si vous mettez davantage de la fragrance et de la beauté des fleurs dans votre univers, vous et votre entourage en tirerez d'immenses bienfaits – un festin pour les yeux et les sens. Vous participerez ainsi à la guérison et au rétablissement de notre Terre père/mère.

Mes loyaux amis, l'époque est aux changements, mais elle recèle aussi des occasions propices. Votre Soi-Esprit vous incite à agir et ne peut plus être ignoré. Les portes de l'ancien monde se referment peu à peu et le portail d'un univers majestueux s'ouvre tout grand. Avez-vous suffisamment de courage pour harnacher la puissance de la Création ? Vous n'avez rien à perdre, sinon votre peur, et tout à gagner. Venez, nous vous indiquerons le chemin. Nous diffusons vers vous l'amour de notre Créateur père/mère et, comme toujours, nous vous entourons d'un champ aurique de protection.

JE SUIS l'archange Michaël.

15

Développer votre rayon personnel de Lumière divine

Maîtres bien-aimés, plusieurs personnes ont l'impression de parcourir les derniers kilomètres d'une course qui s'est avérée longue et difficile, car l'énergie et l'enthousiasme font défaut. Les sortilèges de l'existence terrestre vous laissent de plus en plus désillusionnés, et ce qui vous excitait autrefois a aujourd'hui une couleur terne et ennuyeuse. La raison ? Vous vivez simultanément dans deux univers différents, ou plusieurs dimensions, et vos quatre systèmes corporels inférieurs (physique, mental, émotionnel et éthérique) tentent de rattraper votre Soi-âme, ce qui engendre beaucoup de tensions en vous.

Nombreux sont ceux qui ont progressé à pas de géant vers la conscience galactique, et par le fait même leur vieux monde et leur ancienne condition s'effritent beaucoup plus rapidement qu'ils n'arrivent à intégrer les énergies, les vibrations et les concepts appartenant au monde nouveau. Si vous prenez conscience de ce qui se passe vraiment, votre stress et votre confusion diminueront ; croyez-nous lorsque nous affirmons que vous êtes sur le point d'être soulagés. L'un de nos plus chers désirs est de vous aider à vivre cette transition facilement et dans la grâce. Au cours de l'année dernière, l'essentiel de l'information et la plupart des méditations et exercices que nous vous avons proposés visaient à transmuer les anciens schémas énergétiques négatifs pour ainsi permettre l'infiltration et l'intégration de cellules raréfiées de Lumière du Créateur. Nous désignerons désormais ces dernières par l'expression *nouveaux rayons d'expression individuelle du mental dieu.*

La première phase de ce processus consistait à élaborer votre pyramide de Lumière/pouvoir dans la cinquième dimension. Une fois ce lieu merveilleux instauré, vous avez mis en place les éléments favorisant le pas de géant déjà mentionné. Les énergies raffinées du Créateur suprême ne peuvent se diffuser directement sur la Terre ou dans un environnement tridimensionnel. La majeure partie de l'humanité et beaucoup de régions sur la planète ne sont pas encore prêtes à recevoir ce don ; il s'ensuivrait un chaos incroyable. Voilà pourquoi cette énergie doit être sérieusement filtrée de manière à être accessible à tous et à engendrer les plus grands bienfaits.

Quand vous vous rendez dans votre pyramide de Lumière contenant une réplique éthérique du monde et que vous inhalez l'amour/Lumière du Créateur et expirez l'amour inconditionnel, cette merveilleuse énergie est filtrée ou diluée de sorte qu'elle puisse être reçue par ceux qui sont prêts et disposés à ouvrir le chakra du cœur et à enclencher leur métamorphose en êtres humains spirituels et galactiques.

Lorsque vous pénétrez dans votre pyramide personnelle, ou que vous en construisez une en vue d'un projet ou d'une tâche spécifique, vous permettez à la pleine puissance, à la variété et au spectre complet des nouveaux rayons d'expression de se déverser dans votre temple de Lumière et de vous seconder dans vos entreprises. Vous ouvrez un portail personnel à l'abondance, car vous confectionnez ainsi un espace sacré où le mental Dieu peut se joindre à vous dans le processus cocréateur. N'oubliez pas, nous vous l'avons répété à maintes reprises : vous êtes maîtres de la cocréation, mais vous l'aviez tout simplement oublié. Et nous souhaitons que vous vous rappeliez ceci : l'opulence a de nombreux visages.

La technique du souffle d'infini constitue un autre moyen d'accéder aux énergies nouvelles de création. En activant le chakra de l'ascension situé au faîte de la colonne vertébrale, juste à la base du cerveau, vous déverrouillez le portail conduisant à la conscience galactique. Il s'agit là d'un des points d'ignition majeurs du processus évolutif. L'humanité tout entière fut programmée en fonction de cet événement qui se déroulera en chaque âme ici-bas, tôt ou tard. Lorsque vous vous livrez à la respiration d'infini et que vous la voyez former une boucle dans la Terre et ressortir et se diriger vers les éthers, vous apportez ce don merveilleux aux première, deuxième, troisième et quatrième dimensions et à chaque étincelle de conscience Dieu qui les peuple.

Préserver le bon niveau de perception alpha représente également un outil important. Cet état vous donne la possibilité d'atteindre et de garder un juste équilibre au sein de votre champ énergétique et aurique, et du coup vous devenez chacun un instrument finement accordé, harmonieux et projetez les fréquences d'amour/Lumière sans dissonance aucune. Récemment, vous avez pris connaissance du terme métavision – un état de conscience amplifié où vous êtes constamment en phase avec la sagesse de votre Soi supérieur et de votre présence JE SUIS ; c'est l'un des bénéfices dont profitent les maîtres alpha. Lorsque vous faites appel à la métavision, vous demeurez à la fois un observateur et un participant de la vie et savez filtrer rapidement les schémas de pensée négatifs tout en apprenant à ne laisser pénétrer dans votre champ de force que la vérité suprême du Créateur, et ce, pour mieux régir votre être. Votre vision conceptuelle et votre intuition augmentent au point de dépasser largement la normale. La situation est comparable aux virus qui se propagent sur Internet. Quelques malfaiteurs en informatique vous assaillent d'énergies destructrices – peu importe leurs motifs –, tandis que d'autres envoient des messages frauduleux ou à fréquence basse ou négative ; vous posez des filtres, des barrières afin d'intercepter ces messages ou ces énergies par n'importe quel moyen, et devez rester vigilant et toujours un peu en avance sur eux. Il en va de même pour les énergies subtiles qui prolifèrent dans la conscience collective de l'humanité ; vous devez filtrer les énergies discordantes, interdisant toute contamination et n'autorisant que ces pensées dont la vibration est en harmonie avec votre maître-Soi.

Bien que les rayons appartenant à votre système solaire et à la galaxie se chiffrent de un à douze, nous aborderons les nouveaux rayons sous l'angle de leurs qualités d'expression. Ne vous souciez pas des couleurs, car il peut s'agir d'un alliage de quelques rayons ou de leur ensemble, d'après la manière dont vous désirez les « exprimer ». Vous êtes l'artiste, l'architecte, celui qui qualifie ces rayons, et le potentiel de création est virtuellement infini.

Vous pouvez recourir à ces rayons – que l'on peut appeler sous-rayons des douze principaux rayons galactiques. La différence, c'est qu'ils seront doués de la luminescence et de la puissance de la Lumière du Créateur suprême. Ces rayons devront servir d'une façon légèrement différente de celle que nous vous avons enseignée pour les sept rayons appartenant à votre système solaire et les cinq rayons de conscience galactique. Ils peuvent s'employer selon mille combinaisons et manières, car il s'agit d'énergies hautement spécialisées.

Commençons par le véhicule physique.

Entrez dans votre pyramide de Lumière destinée au travail et allongez-vous sur la table de cristal. Si besoin est, demandez que le rayon de santé et de vitalité brille sur vous ; ou sollicitez le rayon de beauté, de jeunesse, de coordination, de force, de pouvoir, d'activité, d'élégance, de vision et d'ouïe fines, de flexibilité, ou tout autre attribut susceptible d'accroître votre bien-être et qui vous vient à l'esprit. N'invoquez et n'activez qu'une ou deux des énergies des rayons par séance. Sachez que votre divine présence JE SUIS *supervisera le processus, s'assurant que vous intégrerez uniquement la quantité requise de ces énergies puissantes, pas un gramme en trop. Vous ne devriez pas chercher uniquement une transformation accélérée, mais bien aussi l'application constante de la loi de la facilité et de la grâce. Il faut pouvoir prendre plaisir à l'exercice, bien-aimés. L'époque des leçons douloureuses, des traumatismes, des tensions et de l'échec devrait tirer à sa fin, si seulement vous laissiez le processus travailler pour vous en vous extirpant de la sphère de cause à effet, ou karma, et en passant aux royaumes où prévaut la loi de la grâce.*

Concentrez-vous maintenant sur le corps émotionnel.

Tenez-vous à la tête de la table de cristal et voyez votre corps émotionnel se manifester et prendre forme sur celle-ci. Quelle apparence a-t-il ? Étudiez-le un bref instant, observez les diverses nuances, couleurs et formes qui le composent. Ce que vous verrez vous étonnera peut-être. Si votre vision intérieure n'est pas encore activée, demandez que ce soit fait, mais entre-temps, vous pouvez simplement en pressentir la forme et les couleurs. Peu importe la manière dont vous percevez ce corps, elle est valable. Et si vous continuez à vous exercer, vos facultés sensorielles internes acquerront de l'acuité et se focaliseront. Vous pouvez d'abord demander que le rayon de pur amour du Créateur déferle en vous, qu'il vous emplisse à ras bord et vous lave de tout sentiment d'infériorité, de culpabilité, de honte ou de tout doute. Maintenant, invoquez à leur tour le rayon de la compassion, celui de la miséricorde, du pardon, celui de la réceptivité, de la passion, de la paix, de l'harmonie, de la bienveillance, de l'intuition subtile, du courage, etc., et voyez comment votre corps émotionnel se remplit spécifiquement de chacune de ces énergies, puisque vous intégrez la quantité maximale précisément requise sur le moment.

Cette fois, tournez-vous vers le corps mental.

Encore une fois, tenez-vous à la tête de la table de cristal et visualisez que votre corps mental se manifeste et prend forme devant vos yeux. À quoi ressemble-t-il ? Paraît-il fort et clairement défini, ou est-il terne et entaché de couleurs troubles et déformées ? Demandez à voir le rayon de la vérité, celui de la volonté, de la bravoure, de la sagesse, de l'intelligence, de la concentration, de la créativité, de la pensée sacrée, des schémas et du langage de la Lumière, de la géométrie mystique, de la discipline, de l'organisation, de l'information scientifique, de l'ordre, le rayon du recevoir et celui du partage et du don, chacun à leur tour. Qu'ils se déversent depuis le grand générateur de cristal suspendu au-dessus du milieu de la table. Votre présence JE SUIS *distillera l'essence de chacun des rayons d'expression dans sa forme la plus pure pour vous la transmettre. Voyez votre pyramide s'emplir de l'essence et de la puissance de chaque rayon, qui vous imprègne entièrement. Sachez que vous apportez le don de chacun dans le domaine où vous résidez présentement, en l'occurrence le plan physique. Il vous appartient de revendiquer cela, de l'employer et de le partager lorsque vous assumez véritablement votre rôle en tant que cocréateur auprès du Créateur suprême et de notre Dieu père/mère.*

Penchez-vous sur le corps éthérique.

Celui-ci recèle le schème directeur conduisant à votre corps de Lumière. Le corps éthérique entoure le véhicule physique ; c'est là que logent les distorsions et les imperfections avant de s'exprimer dans le corps physique. Le processus est dorénavant inversé. L'essence de la Création perfectionnée repose dans le corps éthérique ; il faut donc remplir de nouveau cette partie de votre être de Lumière parfaite pour qu'elle soit accessible à votre corps physique. À quoi ressemble votre corps éthérique ? Présente-t-il des toiles sombres d'énergies déformées un peu partout à sa surface ? Comporte-t-il des taches plus denses et plus foncées ici et là ? Où se situent-elles ? Cela vous révélera la région de votre corps qui est en déséquilibre et la plus mal en point, là où les problèmes de santé ou la maladie risquent de se manifester sous peu. Voyez le rayon de votre corps de Lumière immortel descendre et se fusionner avec votre corps éthérique. Imaginez qu'un faisceau de Lumière émane de votre présence JE SUIS et s'écoule du grand cristal ; il vous entoure et vous emplit tout doucement de la plus tendre essence d'amour.

Par ailleurs, lorsque vous êtes en état alpha superficiel, il serait opportun de vous concentrer sur le corps physique pendant une semaine ou deux pour le préparer à recevoir et à exprimer ces énergies puissantes. Si, d'une façon ou d'une autre, vous vous sentez désorienté, déphasé, mal à l'aise, interrompez l'exercice pendant un jour ou deux avant de poursuivre. Laissez l'Esprit vous guider et ne tentez pas de comparer vos progrès ou votre transformation à ceux des autres. Vous accédez à votre propre intelligence cosmique et activez votre génie créatif.

Chaque jour, ou le plus souvent possible, allouez quelques instants à l'écoute de l'intelligence de votre véhicule physique et de l'élémental de votre corps. Il s'agit de votre subconscient profond qui, au début, ne connaissait que la perfection. Au fil des siècles, cependant, vous l'avez reprogrammé par des pensées négatives qui ont engendré l'imperfection, le malaise et la maladie. Le travail peut s'avérer un peu fastidieux, mais vous dissolvez les formes-pensées négatives et réinstallez le schème de la perfection, le corps *d'Adam/Ève de Kadmon. C'est ce qui explique en partie pourquoi vous souffrez de tant de symptômes : désorientation, léthargie, incapacité à vous concentrer, etc. Ce qui a pris des centaines de milliers d'années à se révéler s'inverse en une période de temps étonnamment courte.

Une fois par semaine au moins, concentrez-vous sur votre corps et votre nature émotionnelle, et repérez ce qui a changé depuis la dernière fois que vous les avez examinés. Vous sentez-vous plus équilibré et serein ? Êtes-vous davantage en mesure d'affronter le stress du quotidien ? Vous montrez-vous plus permissif, plus tolérant avec les gens qui vous entourent ? Êtes-vous capable de voir l'ensemble de la situation, plutôt qu'une fraction minuscule de l'histoire ? Que souhaitez-vous le plus changer en ce moment ? Déterminez vos priorités, puis invoquez le rayon d'expression spécifique et intégrez graduellement ses attributs et énergies spécifiques. Focalisez-vous aussi sur votre corps mental au moins une fois par semaine. Arrivez-vous à penser plus clairement ? Parvenez-vous à traiter et à trier l'information plus efficacement et, ainsi, à tirer une certaine sagesse de vos expériences et de vos échanges ? Êtes-vous plus discipliné ; vous acquittez-vous de vos obligations plus facilement et gaiement ? Vous sentez-vous plus en phase avec votre intelligence supérieure ; êtes-vous inspiré d'idées

*Adam/Ève de Kadmon : c'est-à-dire la version la plus parfaite du corps de Lumière créé dans les sphères supérieures. Ce corps de Lumière a la possibilité de prendre n'importe quelle forme nécessaire afin de créer et expérimenter lui-même toutes les formes possibles de la création à l'intérieur de cet univers.

fraîches, novatrices ? Comment votre conscience s'est-elle modifiée et quels résultats constatez-vous ? Vous pouvez vous identifier aux couleurs des rayons qui sont projetés vers vous comme bon vous semble, mais concentrez-vous d'abord sur les sensations qu'ils recèlent spécifiquement. Votre champ aurique changera avec chaque nouveau rayon intégré. Désormais, lorsque vous diffuserez l'amour/Lumière du Créateur, cette émission aura les qualités amplifiées des rayons que vous aurez absorbés. Par le fait même, vous vous mettrez à projeter votre propre rayon de Lumière divine, votre don personnel et unique à l'humanité.

Bien-aimés, nous vous offrons un autre moyen d'épanouir pleinement votre potentiel divin, cette partie de vous qui attend depuis des éons de se reconnecter à vous. Nous pouvons vous indiquer le chemin, mais il vous appartient de prendre les mesures qui s'imposent et de conduire le processus à terme. Soyez assurés que le jeu en vaut la chandelle. Nous vous tendons la main par amitié et mêlons notre essence à la vôtre, diffusant vers vous des faisceaux de paix et de joie. Mais surtout, nous vous transmettons notre amour.

Je suis l'archange Michaël et je vous apporte ces vérités.

16

Les douze tribus sacrées

Maîtres bien-aimés, le moment est venu de mieux comprendre comment le plan du Créateur fut conçu et de quelle manière vous avez tous été sous son influence depuis des vies entières, notamment en celle-ci. Nous avons expliqué à maintes reprises que votre Terre résonne aux harmoniques du chiffre 7, alors que votre galaxie et cet univers résonnent à celles du chiffre 12. Plusieurs références à ce phénomène ont été indiquées auparavant, certaines métaphoriquement ; la plupart sont si bien connues que vous ne songez même pas à leur signification profonde.

L'être christique nommé Jésus avait douze disciples, qu'on renvoie historiquement aux douze tribus d'Israël ; votre zodiaque se divise en douze maisons ; et l'un des principaux systèmes de marquage du temps sur terre divise l'année en douze mois. Nous pourrions citer de nombreux autres exemples, mais si vous prenez conscience de la signification de ce nombre, vous les repérerez vous-mêmes. De plus en plus fréquemment, vous rêvez du chiffre 12 :12, et vos réveils digitaux l'affichent souvent. Ce chiffre porte les fréquences vibratoires de la plénitude et de l'équilibre, fréquences que vous portez sous la forme de chakras, ou vortex lumineux tourbillonnant, qui bourdonneront et s'embraseront quand vous les aurez totalement activés.

Vous devez d'abord comprendre que les exemples que nous vous offrons présentent un aperçu tout à fait simpliste de la façon dont fonctionne le plan du Créateur et que nos propos ne concernent que cet univers en particulier, et non l'omnivers. Lorsque s'allièrent les magnifiques énergies pour former le Grand Soleil Central de cet univers, des myriades de semences d'étoiles (celles qui s'étaient auparavant individualisées en conscience Dieu) répondirent à l'appel depuis les confins de l'omnivers ; elles venaient participer à cette fascinante aventure de la création. Les immenses êtres qui devaient servir comme divinités père/mère de cet univers insufflèrent leur essence divine dans ce nouveau Grand Soleil Central ; tout ce qui devait faire partie de cette création inédite fut attiré à ce grand cercle de Lumière de Dieu et infusé, ou encodé, du schème divin récent. La plupart des étincelles célestes étaient celles qui ne s'étaient pas extériorisées ou qui n'avaient pas atteint la perception consciente – nous les appelons souvent « Saints Innocents ». Lorsque la radiance du Dieu père/mère de cet univers s'exprima, les premiers à être établis furent le Concile cocréateur des douze, le Concile des Élohim, les royaumes des dieux cocréateurs, des seigneurs de la Lumière et des anges et archanges. Ces forces divines se ramifient en multiples subdivisions, mais pour le propos de cette brève explication, cette description suffira.

Puisque c'est d'une importance capitale pour votre compréhension, nous souhaitons aujourd'hui instiller en votre conscience le fait qu'il existe douze grands rayons de qualités, d'attributs et de vertus émanant du cœur de notre Dieu père/mère, douze magnifiques êtres universels créés et désignés en tant que groupes de présence JE SUIS monadiques et cosmiques. Ceux-ci se subdivisèrent en douze groupes monadiques galactiques. Chacun de vous représente un aspect de ces êtres universels. Au fil de votre descente dans les multidimensions, vous avez tous été fractionnés en une multitude de fragments, mais vous faites toujours partie intégrante de cet être immense, tout comme vous êtes des facettes du Créateur suprême, des étincelles de l'Un ou de Tout Ce Qui Est. Voilà aussi la signification du nombre 144 : 12 x 12 regroupements formés à tous les niveaux de la Création. Ces regroupements sont susceptibles de contenir des milliards d'étincelles individuelles, ou âmes. Lorsque chacun fut prêt à s'incarner sur terre, après avoir sérieusement dégradé ses vibrations, il s'est retrouvé dans une monade, ou groupe de présences JE SUIS, ne comprenant que 144 âmes : douze facettes, ou étincelles, divisées en douze. Au fil des âges, chacun est donc entré en interaction avec ces 144 étincelles, dansant au rythme de la dualité et adoptant des rôles différents pour les autres, tout en cherchant à revenir à l'harmonie et à l'équilibre. Cela ne signifie pas qu'il n'a pas eu de contacts avec d'autres regroupements, puisque vous tendez tous vers votre famille spirituelle intime, non seulement pour vous appuyer mais pour échanger de mille manières. Naguère, vous n'êtes pas souvent entrés en contact avec les membres de votre famille immédiate d'étincelles, ou unité de douze. Les rapports au sein de ce groupe sont généralement de nature beaucoup trop intense et vous vous soutenez par d'autres moyens, souvent depuis les royaumes supérieurs d'existence. Autrement dit, vous n'êtes pas tous incarnés sur terre en même temps.

Voici un aperçu limité de chacun de ces douze grands êtres monadiques. Il faut espérer qu'en comprenant mieux, vous serez capables de déterminer dans quel groupe, ou tribu – comme nous les désignerons aux fins de cet enseignement –, chacun opère en cette incarnation des plus importantes.

Dans les royaumes les plus élevés de cet univers, avant de descendre en cette galaxie, vous avez fait l'expérience de la Création sous forme d'un groupe monadique composé des énergies du premier, deuxième ou troisième (les rayons de quatre à sept étant des sous-rayons du troisième). Par la suite, vous avez fait l'expérience de la galaxie en tant que groupe monadique comportant une mixture des premier, deuxième et troisième rayons. Ici-bas, vous vous êtes assemblés en groupes distincts ou familles d'âmes formées d'un certain nombre de chacun de ces trois premiers rayons (dans des proportions inégales, cependant), ce qui a aussi assuré à ces groupes une vaste diversité d'expériences universelles. Plusieurs ont désigné ces regroupements « compagnons de mission » ; c'est fondamentalement ce que vous étiez. Vous alliiez et fusionniez vos énergies et attributs de telle sorte que, une fois venu le moment opportun, vous soyez en mesure d'identifier votre tribu grâce à l'intuition et à la résonance vibratoire. Une certaine signature de l'âme vous attirait alors l'un à l'autre et tous vous rejoigniez ainsi le cercle aurique de votre monade galactique. De là, au travers de la présence JE SUIS de votre système galactique, vous vous fragmentiez en des étincelles de conscience de plus en plus réduites à mesure que vous descendiez dans les cinquième, quatrième et troisième dimensions.

Vous étiez destinés à vous retrouver de nouveau lors de vos voyages physiques ou astraux et, sous peu, vous vous rassemblerez pour engendrer un vortex d'énergie qui sera plus grand que la somme de ses parties. Cette fusion consolidera, soutiendra et aidera chacun de vous sur la voie de son choix, peu importe laquelle. Il s'agit du début de ce retour à la conscience d'unité. À l'heure actuelle, le phénomène a cours partout dans le monde.

Nous aimerions que vous compreniez ceci : vous avez passé beaucoup plus de temps au sein de la conscience d'unité que dans la conscience individualisée à laquelle vous vous identifiez désormais. Les vies antérieures que vous avez vécues dans ce système solaire et sur la planète Terre ne constituent qu'une minuscule portion de votre identité véritable et de ce qui est dans votre banque mnémonique. Ce n'est que lorsque la Terre et sa population sombrèrent dans la densité des troisième et quatrième dimensions que vous avez perdu le souvenir de votre connexion les uns aux autres et avec la Source. Vous avez effectivement acquis beaucoup de connaissances en entreprenant votre propre aventure grandiose ; mais il est temps maintenant de retrouver les membres de votre tribu, ou famille d'âmes, afin de partager la sagesse glanée au fil des éons.

Les douze tribus de la Création sont partagées comme suit :

Il y a d'abord les cinq tribus universelles déjà mentionnées, soit le Concile cocréateur des douze, le Concile des Élohim, les dieux cocréateurs, les seigneurs de Lumière et les royaumes archangéliques et angéliques.

À cela s'ajoutent les sept tribus d'expression galactique, qui appartiennent à l'une des catégories générales indiquées ci-dessous :

- *Les dirigeants, pionniers et guerriers* : Volonté de créer et désir de protéger – tribu orientée vers l'action, centrée sur l'extérieur.
- *Les érudits* : Sagesse, connaissances abstraites, désir de comprendre, soif d'illumination – tribu tournée vers l'intérieur.
- *Les sages et enseignants* : Intelligence active – tolérance, soif de servir l'humanité.
- *Les artisans et artistes* : Création artistique, façonneurs de la forme – visionnaires, restaurateurs d'œuvres d'art.

- *Les scientifiques et intellectuels* : Savoir concret – désir d'exprimer les aspects, vertus et attributs du Créateur sur le plan matériel ou physique et de comprendre le fonctionnement de l'univers.
- *Les croisés* : Dévotion, idéalisme – service désintéressé, guérison, soins, aspiration à la vérité suprême du Créateur.
- *Les serviteurs et explorateurs* : Soif de liberté spirituelle, de rédemption, de purification – désir de servir et d'employer les lois universelles de la manifestation dans leur forme la plus noble.

Comme nous l'avons précisé, votre présence JE SUIS, appartient au premier, deuxième ou troisième rayon. Les quatrième, cinquième, sixième et septième rayons sont des sous-rayons du troisième. Le JE SUIS ne change jamais. Par contre, le rayon qui détermine votre âme, celui qui définit vos corps physique, émotionnel et mental, et celui qui régit votre personnalité diffèrent avec chaque incarnation, de manière que vous puissiez faire l'expérience de l'ensemble des aspects, attributs et qualités de la Création. Vous avez pour objectif d'atteindre l'équilibre et l'harmonie dans chacune des énergies des rayons ; ainsi, on peut affirmer que vous choisissez de vivre les énergies des différentes tribus d'une incarnation à l'autre, afin d'enrichir votre âme. Votre rayon monadique surplombe le tout ; il influe sur votre perception du monde et sur votre manière d'agir et de réagir aux diverses leçons de l'existence. N'oubliez pas ! il est possible de se servir positivement ou négativement des énergies de chaque rayon. Cependant, nous n'aborderons ici que les éléments positifs.

Les dirigeants, pionniers et guerriers présentent les énergies du premier rayon de volonté divine de créer et sont doués de la foi, de la bravoure et du désir de protéger autrui. Il s'agit d'individus dynamiques, déterminés et débordant du désir de vaincre et de maîtriser les situations rencontrées. Généralement, ces personnes se distinguent des autres et occupent en quelque sorte le devant de la scène. Ces gens préfèrent diriger ; ce ne sont pas des suiveurs. Ce rayon renvoie surtout aux énergies masculines de la Création ; il est centré vers l'extérieur, dynamique, actif et puissant.

Les érudits sont doués des énergies du deuxième rayon d'amour et de sagesse. Ces âmes sont en quête de vérité et de savoir et, finalement, de l'illumination. Le point focal de ce groupe consiste à transmuer la connaissance en sagesse et à tempérer cette sagesse d'amour et de compassion. Ce rayon comporte des énergies masculines et féminines à parts égales.

Les sages et enseignants détiennent les énergies du troisième rayon d'intelligence active, le plan de l'Esprit et du mental supérieur et causal. Ces âmes sont des penseurs abstraits, des philosophes et des explorateurs du savoir métaphysique. Ce rayon symbolise notamment les énergies féminines, celles de la mère divine de Création ; il est introspectif, intuitif, maternant et patient.

Les artisans et artistes portent les énergies du quatrième rayon de beauté, d'harmonie et d'inspiration artistique. Ce rayon est étroitement lié au plan affectif, au corps émotionnel et à l'intuition du Soi supérieur. On l'appelle souvent le rayon de l'harmonie au cœur du conflit et de la lutte. Afin d'accéder à vos facultés créatives nobles, vous devez subjuguer l'ego et harmoniser le corps émotionnel.

Les scientifiques et intellectuels possèdent les énergies du cinquième rayon de savoir concret. Ce rayon est associé au plan et au corps mental. Ces âmes sont enclines à la pensée linéaire et analytique ; elles se tournent vers les carrières scientifiques, ou deviennent des chercheurs, des électriciens, des ingénieurs, des spécialistes en informatique, des médecins ou des infirmières.

Les croisés présentent les énergies du sixième rayon de dévotion et d'idéalisme. Ce rayon est également affilié à l'affectivité ; ses énergies sont cependant centrées sur le subconscient et le plan astral. Il s'agit d'un rayon de douceur qui instille en ces âmes un désir de tendresse, de paix et de tranquillité. Vous trouverez parmi elles les disciples qui cherchent et attendent qu'on leur dévoile la vérité et la voie. Les membres zélés d'églises et d'organisations religieuses sont souvent sous l'influence de ce rayon.

Les serviteurs et explorateurs sont doués des énergies du septième rayon de liberté, de rédemption et de purification. Il s'agit du rayon violet de la flamme de transmutation, celui qui prévaut sur terre à l'heure actuelle. C'est le rayon de l'invocation ; il s'exprime dans sa forme la plus noble ici-bas et dans le service. C'est également le rayon qui transmuera l'énergie négative en une substance de force vitale neutre afin qu'elle puisse être reprogrammée à une fréquence supérieure. Aujourd'hui, la majorité des populations terrestres appartient à ce groupe de serviteurs et d'explorateurs.

Les cinq rayons supérieurs galactiques et universels sont un amalgame des sept premiers rayons, amalgame infusé de la Lumière blanche et dorée du Créateur. La radiance de ces grands rayons est désormais accessible à l'humanité entière. Ceux-ci facilitent les formidables transformations survenant partout.

Sachez que plusieurs âmes appartenant à chacune de ces douze tribus sont aujourd'hui incarnées sur le plan terrestre. Il est vrai que le pourcentage d'êtres affiliés aux cinq tribus supérieures est beaucoup moindre, mais ces âmes prennent naissance en nombre croissant actuellement afin de prêter main-forte à la Terre et à l'humanité pendant les douleurs de l'enfantement, car elles accouchent de la conscience Dieu, votre condition naturelle.

Chacun de vous est issu de l'une de ces douze tribus sacrées liées à cet univers. C'est votre origine et vous demeurez sous son influence à chaque incarnation. Au commencement, vous avez effectivement émergé du cœur du Créateur suprême. Néanmoins, en ce qui concerne cette expérience universelle en particulier, vos origines pourraient bien remonter au royaume angélique ou à n'importe laquelle de ces illustres lignées. N'avons-nous pas expliqué que vous êtes une petite étincelle d'un être divin exceptionnel ?

Nous aimerions également vous informer qu'en raison de vos origines uniques et des superpositions, vous percevez le monde sous un jour différent de ceux qui vous entourent. Par exemple, si votre présence JE SUIS appartient au premier rayon, vos impulsions, désirs, épreuves et votre mode de fonctionnement divergeront fortement de ceux qu'éprouvent les âmes issues d'une monade du deuxième ou troisième rayon. Comprenez-vous mieux maintenant pourquoi vos proches ne réagissent pas comme vous ? Pour quelle raison ils ont des points de vue et des intérêts qui divergent des vôtres ? Et pourquoi ils sont attirés par d'autres vocations et passe-temps ?

Et vos attributs culturels et raciaux terrestres ne sont pas les seuls facteurs qui vous distinguent et vous rendent uniques ; il y a des éléments beaucoup plus profonds et complexes. Paradoxalement, à l'intérieur de cette infinie diversité, vous êtes en essence Un. Goûtez votre caractère unique, bien-aimés. Découvrez ce qui fait chanter votre âme et enjolive votre vie, mais observez l'ensemble de la situation et sachez que vous êtes tous des facettes du Créateur. Aimez l'autre comme vous vous aimez vous-même, car en vérité, quand vous agissez ainsi, vous accordez l'amour aux différents visages de votre être. Bien-aimés, ne prêtez pas attention à l'angoisse et à la négativité qui déferlent dans les éthers. Joignez-vous plutôt à nous et tournez votre regard vers l'horizon, là où pointe l'aube d'un nouvel âge d'illumination.

Je suis votre frère bienveillant, votre compagnon constant, JE SUIS l'archange Michaël.

17

Le phare

Maîtres bien-aimés, permettez-moi d'exposer, dans sa plus simple expression, votre mission ultime ici-bas, afin que vous en ayez une idée précise : vous avez toujours eu accès à la pure vie/Lumière, l'amour inconditionnel du Créateur. Votre tâche consiste à vous emplir à ras bord de cet élixir sublime et à le diffuser dans le monde sous sa forme la plus pure d'amour inconditionnel – et tout s'en suivra naturellement. Si vous déformez cette force vitale par la peur, la culpabilité, la colère, la violence, les excès ou les dépendances, ou même par le déni de vos aptitudes créatives accordées par la Providence, vous dénaturez votre droit de naissance. Tel type d'énergie engendrera une expérience de nature analogue. Nier ou s'opposer au changement d'une habitude indésirable ou encore juger les autres vous place dans un certain type d'expérience énergétique et vous prédispose aux énergies sur lesquelles vous vous focalisez. Nombreux sont ceux qui protestent contre la vie sans toutefois chercher de solutions ; ils se concentrent sur les points négatifs, se coupant ainsi de leur droit à la paix et à l'harmonie. Les fréquences vibratoires d'une nature particulière créeront ou attireront des fréquences de même nature – depuis les plus élevées aux plus basses. Voilà pourquoi nous vous avons demandé à maintes reprises de vous focaliser sur ce qui est bien en vous et chez les autres, de visualiser que vous possédez déjà ce que vous désirez manifester – que ce soit la santé, l'abondance, des rapports affectueux, la joie, une perception spirituelle plus évoluée – et ce, sans fin, peu importe ce que c'est. Si vous vous centrez sur les points négatifs, sur vos imperfections ou celles de votre entourage, tel sera ce que vous alimenterez et ce à quoi vous donnerez de l'énergie. Il s'agit là d'une loi universelle.

Une fois encore, permettez-moi de dépeindre la situation à ses débuts et ce que la Terre expérimente présentement. Chacun de vous a répondu à un appel lancé depuis les confins de l'univers et s'est présenté à nous, le Concile de Lumière, dans toute sa splendeur – le corps rayonnant de Lumière et brillant de vertus, de talents uniques et d'attributs –, soit tout ce qui, au fil d'éons d'expérience, faisait de lui un candidat prisé pour sa mission sur cette planète. Une fois que chacun fut choisi, on lui attribua un rôle spécifique qui constituerait le thème principal de l'ensemble de ses incarnations par l'entremise de sa présence JE SUIS, un schème divin éternel (nous avons expliqué ce point en détail ailleurs). On vous a également accordé à tous le libre arbitre ; c'est ainsi que la décision de prendre la voie rapide ou la route abrupte, la voie médiane ou le chemin lent vous a toujours appartenu. Cependant, peu importe vos choix tout au long du parcours, ou le temps que vous y avez mis, vous êtes destinés à revenir vous présenter devant nous pour que nous bénissions les enfants prodigues – ces guerriers de la Lumière – que vous êtes. Alors, seulement à ce moment-là, nous pourrons nous exclamer : « Mission accomplie ! Bien joué ! »

Au cours de nombreux éons, à mesure que vous façonniez votre forme humaine, vous et la géosphère rayonniez d'une aura de Lumière, de beauté et d'équilibre en harmonie avec le Créateur et les lois de la Création. Et alors que vous demeuriez accordés aux dimensions supérieures, nous étions auprès de vous, échangeant avec vous, vous soutenant, vous surveillant et goûtant par vous les exquises merveilles et la joie d'être cocréateurs de ce monde délicieux. Retrouvez, si vous le pouvez, la légèreté, la liberté et le bonheur que vous éprouviez à créer, à fusionner et à vous marier à vos créations – vous jouissiez des fruits de votre labeur. Imaginez-vous passer aisément d'une dimension à l'autre sans que soit restreinte votre capacité de créer ou de savourer l'éclat des énergies raffinées de la Création.

Nous aimerions également que vous vous souveniez du moment où vous avez sombré dans ce bourbier, dans l'illusion de la quatrième dimension puis de la troisième. Cette chute était comparable à une plongée au fond de l'océan, dans ses eaux brouillées où filtre peu de lumière, où tout autour de vous apparaît déformé. Comme il est difficile de naviguer au travers des débris, vos mouvements sont entravés. Voilà l'état dans lequel tous, vous avez existé pendant des milliers d'années.

Mais n'oubliez pas que même au tréfonds de l'illusion – dans l'état le plus réfracté de la Création –, les lumières du Créateur vous ont toujours touchés afin de vous guider ; elles attendaient que vous leviez les yeux vers elles, que vous ouvriez votre cœur et écoutiez le chant de votre âme, qui vous a toujours aiguillonnés tendrement vers le haut.

La Terre et ses populations, à la surface et à l'intérieur, s'élèvent peu à peu des profondeurs, et le mouvement ascendant s'accroît si bien que, bientôt, tous vous serez une fois de plus libérés dans la resplendissante Lumière de la liberté, de la joie et de la beauté. Cela vous semble-t-il relever d'une chimère irréalisable? Fiez-vous à nous : nous affirmons que ce n'est pas un rêve impossible, mais un fait établi. Cependant, au lieu d'évoluer dans l'eau, vous avancerez difficilement dans des vibrations inférieures qui vous ont tenus captifs depuis très longtemps. À l'instar de votre planète, vous vous dégagez des chaînes qui vous entravaient et ascensionnez vers les domaines raréfiés de la Création ; ce faisant, vous emmenez avec vous ceux qui sont disposés à ouvrir suffisamment leur cœur pour entendre le murmure de l'âme qui souffle des paroles sages les enjoignant de se joindre à vous dans ce périple vers la Lumière.

Laissez-moi ici élucider une autre tragédie qui se joue présentement en ce monde et suscite beaucoup de tourments et de confusion chez les humains. Plusieurs d'entre vous croient qu'en intégrant les fréquences lumineuses plus élevées, leur santé s'améliorera et leur forme corporelle rajeunira et sera revivifiée. C'est vrai, et à la toute fin, cela se produira en effet. Toutefois, voyons ce qui se passe à l'heure actuelle, afin d'apaiser certaines de vos craintes et de vos frustrations. Nous avons déjà expliqué qu'avant d'obtenir l'autorisation de vous incarner en cette vie, vous aviez accepté la charge de tâches vitales d'une importance capitale – ces points spécifiques qu'il vous fallait équilibrer et harmoniser afin de recouvrer votre état de maître. Par ailleurs, vous avez choisi les parents ou la lignée ancestrale ayant un ADN encodé des atouts dont vous aviez besoin, mais aussi des faiblesses ou des imperfections à surmonter – tendance à la dépendance, défauts physiques, ou maladies potentiellement fatales. Il ne s'agissait pas d'un châtiment, mais bien d'un choix, car vous saviez que c'était une occasion de guérir une fois pour toutes les imperfections et les distorsions engendrées dans votre véhicule physique au cours des âges.

Les désirs du corps et les pulsions et habitudes que vous avez laissées s'implanter ont engendré des fragments d'énergie qui vous entravent et se renforcent d'une existence à l'autre du fait que vous avez cette tendance à succomber à leur empire. Beaucoup de ceux qui, parmi vous, ont cherché l'évolution spirituelle et se sont consacrés à réaliser leur mission de vie sont affligés de symptômes désagréables, de maladies et de difficultés virtuellement mortelles qui n'ont, somme toute, rien à voir avec leur mode de vie actuel ou leur façon de penser. N'oubliez pas ceci : lorsque vous entreprenez une tâche ou relevez un défi, nous vous accordons toujours les outils assurant votre réussite. Par ailleurs, comme nous l'avions affirmé, votre mutation connaît un rythme si accéléré que le véhicule physique en souffre, notamment chez les personnes plus âgées et dont la santé est chancelante ou compromise. Une nouvelle race d'humains voit le jour. Les jeunes nés au cours des vingt ou trente dernières années ne connaîtront pas les difficultés que vous, qui tentez de transmuer les imperfections et d'intégrer les fréquences raffinées, connaissez car les encodages de leur ADN et de leur structure cérébrale divergent des vôtres. Ils s'adapteront aux bouleversements beaucoup plus facilement, car ils sont nés avec cette capacité.

De plus, sachez que bon nombre d'entre vous ont accepté de jouer le rôle de pionniers et d'éclaireurs par rapport aux modalités de guérison de l'avenir continuellement introduites. Il s'agit non seulement des guérisseurs qui les appliquent, mais également des patients qui ont le courage et la confiance d'en faire l'essai afin de démontrer à tous que les miracles restent possibles, que l'emploi de nouvelles méthodes de guérison peut entraîner un retour à la santé, si celles-ci sont conjuguées aux anciens traitements allopathiques. Vous enseignez aux gens à ne plus laisser la responsabilité de leur santé entre les mains de quelqu'un d'autre ; que chacun doit prendre conscience qu'il est en mesure de se guérir lui-même ; que le médecin ou le thérapeute n'est qu'un instrument du processus de guérison, car en fin de compte eux seuls attirent l'énergie vibrante curative favorisant leur retour à la plénitude. De surcroît, ne perdez pas de vue que certains ont refusé en leur âme d'être guéris afin de démontrer ce que signifie affronter la mort avec courage et dans la paix en passant le seuil vers le niveau de conscience subséquent, avec le concours de leurs gardiens angéliques.

Nous vous avons demandé de considérer sous un autre jour les événements dramatiques qui affligent le monde entier. Les individus qui ont opté pour la violence et la destruction témoignent que ces attitudes n'entraînent que le chaos, la peine et la souffrance. On place au centre de la scène de la conscience collective les enfants victimes de maltraitance et de sévices sexuels, afin de mettre un terme à ces abominations. Ces dernières font pourtant des ravages depuis des siècles ; elles sont même admises dans certaines cultures. Cependant, ces injustices ne seront plus tolérées. En outre, n'oubliez pas qu'à l'intérieur de ces petits corps charmants et délicats réside l'Esprit d'un grand maître ; ces enfants ont choisi une mission de sacrifice afin d'apporter équilibre et harmonie à une situation complètement barbare. Gardez aussi en tête que nous vous avons demandé de vous focaliser sur la solution sans juger les participants, de faire briller la miraculeuse Lumière de transmutation sur les énergies négatives et de visualiser un retour à l'harmonie. Jadis, on chérissait les enfants, ces facettes uniques de Dieu ; on les aimait, on leur enseignait par l'exemple et ils apprenaient tout jeunes la loi de cause à effet.

Comment contrer personnellement ces situations déplorables ? En commençant là où vous êtes : en vous aimant et vous respectant vous-même, puis en offrant à votre famille et à votre entourage l'exemple de ce que signifie assumer la responsabilité de ses actions, vivre avec intégrité tout en démarquant des frontières et diffuser l'amour inconditionnel. Concentrez-vous sur ce qui est bien dans le monde tout en irradiant le pur amour/Lumière de l'Esprit jusqu'aux confins de la Terre. Ajoutez votre énergie bienveillante aux nombreuses méditations unifiées dans l'univers entier. Mais d'abord et avant tout, appliquez les principes que vous affichez et donnez l'envol à votre vision, car c'est par vos paroles et vos gestes que l'on vous connaîtra.

J'aimerais également clarifier ici comment les plans astraux inférieurs sont nettoyés et équilibrés du fait que tout est attiré vers le haut durant ce retour vers la perfection.

N'oubliez pas, vous aurez à franchir les écueils, la fascination et l'illusion de la quatrième dimension, ou plan astral (ainsi que ses nombreux plans adjacents), en chemin vers les merveilles et la splendeur de la cinquième dimension. La quatrième dimension est le plan des émotions ; c'est là que les énergies, les émotions et les désirs de la conscience collective résident – tourbillonnant, séduisant et capturant ceux qui sont encore prisonniers de leur nature plus vile. Ici, le mot-clef est « illusion ».

À mesure que vous hausserez votre conscience et que vous équilibrerez votre champ aurique, vous ne serez plus assujettis à ces basses fréquences. Les énergies des plans inférieurs de la quatrième dimension se purifient ; elles sont graduellement attirées vers le haut et s'équilibrent en s'incorporant aux fréquences de la quatrième dimension supérieure. Quand nous affirmons que les plans astraux inférieurs n'existent plus, cela signifie qu'ils ne sont plus tels que vous les avez connus ou vécus autrefois. Puisque vous purifiez votre champ aurique des énergies déséquilibrées et que vous franchissez les distorsions des niveaux moyens et supérieurs de la quatrième dimension, vous permettez ainsi de dégager et d'équilibrer les énergies négatives à cet endroit. Progressivement, les imperfections engendrées par l'humanité au fil des âges seront transmuées et ramenées à l'équilibre. Tous les échecs, toutes les peines et les souffrances seront effacés de votre mémoire.

Seuls demeureront les réussites, l'émerveillement et la beauté de votre parcours terrestre. En retrouvant la conscience d'unité et l'harmonie avec votre Soi supérieur, le corps astral et le passage au travers des plans astraux inférieurs auront la texture d'un rêve, d'un jeu de votre imagination.

De surcroît, vous aiderez les âmes captives de l'illusion des plans inférieurs de la quatrième dimension ou celles qui y résident. N'avions-nous pas dit qu'en vous éveillant, en recouvrant votre équilibre et en parvenant à la guérison, vous assureriez à tous d'en faire autant ? Vous réparez les souvenirs du passé et transformez les énergies négatives en une substance cosmique lumineuse pure et neutre. Vous n'avez pas la moindre idée du service que vous rendez à la Terre et à l'humanité, des secours que vous leur apportez en vous réappropriant l'harmonie et la plénitude.

Gardez également à l'esprit que personne ne juge la manière dont vous décidez de parcourir la voie. Si vous empruntez le mauvais chemin, si vous vous livrez même à des gestes extrêmes tels que le suicide ou le meurtre, rien ne peut vous priver de la grâce de Dieu. Votre champ aurique sera marqué par ces énergies déséquilibrées jusqu'à ce que vous les ayez ramenées à l'harmonie, par la rétribution karmique, la grâce bienveillante du pardon, ou en vous pardonnant à vous-même et à ceux qui vous ont blessés. Il y a plusieurs moyens d'équilibrer votre livre de comptes karmiques. Sachez que cela peut se faire par le biais de l'amour et du dévouement, plutôt que par l'épreuve et les tribulations.

Acceptez notre main tendue pour vous aider à franchir les étapes difficiles, vous soulager lorsque vous êtes épuisé et retrouver vos forces lorsque vous êtes affaibli.

Vous servir, c'est pour nous le plus grand plaisir.

JE SUIS l'archange Michaël.

18

Semer les graines d'une création inédite

Maîtres bien-aimés, le plan affectif de la conscience collective est présentement dans un état d'agitation extrême. Vous éprouvez un vaste spectre d'émotions, oscillant brièvement de la joie et de l'extase à l'incertitude et au désespoir l'instant d'après. Pays, nations et peuples tourbillonnent en un maelström d'énergies positives ou négatives accumulées depuis que la danse de la dualité a pris son envol il y a plusieurs éons de cela. Il est temps de vous réunir et de retrouver un état d'unicité et d'harmonie. Expériences, idéologies et cultures devront s'homogénéiser ; rien ne peut empêcher cette évolution.

Ceux qui luttent et guerroient les uns contre les autres mènent tous, sans exception, une guerre contre leurs propres créations de l'ombre. Si seulement les nations arabe et juive, les pays d'Europe, d'Asie et d'Afrique, ainsi que l'Occident, parvenaient à comprendre que le sang et l'essence des races originelles coulent dans leurs veines, ils ne succomberaient pas si facilement à la haine et à l'intolérance. En termes de dissociation, la race humaine a atteint le point culminant et, aujourd'hui, le plan divin exige une réunification. Celle-ci doit d'abord survenir en chacun de vous et, peu à peu, s'étendre et incorporer l'ensemble des créations de la Terre, des systèmes solaires, des galaxies et de l'univers. Voilà le don le plus grandiose jamais accordé : *une création inédite issue de la fragmentation et de l'expansion de la précieuse essence du Créateur source.*

Chaque portion fragmentée de cette essence a une importance égale à toute autre, peu importe l'apparence extérieure ou la valeur plausible d'une personne ou d'une créature. Notre Dieu père/mère ne vous abandonnera jamais, chères âmes, et nous non plus – comment pourrions-nous nous abandonner nous-mêmes ?

Continuons donc notre odyssée dans les temps anciens, afin de jeter une lumière sur l'état actuel des choses. Nous avons expliqué qu'à l'âge d'or de la Lémurie, la topographie de la géosphère était fort différente. Cependant, imaginez une étendue de terre entourée de maintes petites îles emplissant l'essentiel de l'océan Pacifique. Après plusieurs siècles, il y eut une migration progressive vers la côte ouest des États-Unis, de l'Amérique du Sud et de l'Australie. Une ère chevauche toujours l'ère subséquente, et après la naissance de la civilisation atlantéenne, il y eut également un déplacement vers la côte est des États-Unis. Les Atlantes ont aussi migré en masse vers l'est jusqu'à ce que chaque région de la Terre possède au moins un petit groupe représentant les âmes atlantéennes et lémuriennes mêlées à la population de diverses races originelles et sous-races.

Dans les années qui précédèrent l'engloutissement de la Lémurie, les gardiens eurent des visions des événements à venir et reçurent les instructions à suivre. On forma plusieurs groupes ; ils émigrèrent vers la région que l'on nomme désormais Colombie-Britannique, de même que le long de la côte américaine, jusqu'à la Baja California, au Mexique. L'un de ces groupes fut conduit au mont Shasta, une majestueuse montagne, où il érigea une cité souterraine, Telos. Les membres de cette communauté avaient pour mission de préserver la pureté de la race lémurienne jusqu'au moment de la réunification. Après le grand déluge, leurs facultés télépathiques diminuèrent. Par le fait même, ils ne furent plus en mesure de communiquer avec les gens à l'extérieur de leur éden sous la montagne et se persuadèrent donc qu'ils étaient les seuls survivants du grand cataclysme.

D'autres formations furent guidées vers diverses montagnes, où elles érigèrent de magnifiques temples et sanctuaires au cœur de grottes immenses et à la surface. À l'époque, le lieu que l'on nomme lac Tahoe était un vaste cratère aride présentant en son centre un magnifique cristal doué de plusieurs strates s'élevant du sol et plongeant vers les profondeurs de votre sphère. Un centre de guérison et d'harmonisation fut instauré en ces lieux afin d'aider la race humaine à incorporer pleinement son essence dans le véhicule physique. Ce centre jouait le rôle de récepteur des énergies pulsantes du Grand Soleil Central, et le mont Shasta, celui d'un diffuseur d'énergie de la Terre vers la stratosphère et les dimensions supérieures.

Une troupe beaucoup plus importante fut dirigée vers une autre montagne sur les rives d'un grand lac. Il s'agissait d'un volcan dont la lave incandescente bouillonnait dans les entrailles de la croûte terrestre. Ce lac ancien nommé Lahontan couvrait la majeure partie de la région nordique du Nevada d'aujourd'hui. Le lac Pyramid est l'un des derniers vestiges de cette étendue d'eau. Ce collectif de Lémuriens fut également mené à des grottes dans la montagne qui les préservèrent des intempéries et des excès climatiques dus à la chaleur générée par la fournaise naturelle à l'intérieur du globe. Il s'agissait ici aussi d'un groupe spécial, car au cours des siècles qui devaient suivre, on leur infusa, par le biais de leur ADN, les encodages appartenant à toutes les races originelles et sous-races passées et futures.

Puis vint le jour où ce collectif dut se partager en des sociétés plus petites dont certaines ne comportaient que vingt ou trente individus, tandis que d'autres en comprenaient davantage. Leurs dirigeants, ou gardiens (qu'on appela par la suite sages ou shamans), les conduisirent au travers du vaste réseau de souterrains sillonnant le sol de chaque pays. Bientôt, les groupes émergèrent tour à tour à la surface et entreprirent de mener une existence tribale au sein d'un monde fragmenté où ils développèrent leurs coutumes uniques, leurs caractéristiques et leurs talents propres. Quelques-uns se montrèrent fort agressifs ; en cela, ils exprimaient l'aspect masculin de la Création. D'autres, pour leur part, furent passifs et doux ; ils personnifiaient les attributs féminins. Entre les deux types de sociétés, une multitude de nuances ressortaient. Divers encodages de l'ADN avaient été activés dans différentes tribus, de manière que tout puisse s'exprimer et être mis en observation lors de cette expérimentation avec la dualité. Ces peuplades devaient aussi tenir les annales de l'histoire de la Terre. Plusieurs d'entre vous qui parcourez ces lignes vivaient en ces temps-là et appartenaient à ce groupe – peu importe leur style de vie actuel.

Après que la plupart des sociétés eurent quitté la montagne près du lieu aujourd'hui appelé Grimes Point, et furent établies sans heurt dans leurs nouveaux territoires, un grand cataclysme survint. La montagne explosa en ne laissant qu'une foule de cailloux et de rocs calcinés disséminés partout. Seul un minuscule noyau d'âmes resta ; peu à peu, ces dernières perdirent néanmoins l'essentiel des connaissances qu'elles avaient emportées avec elles et sombrèrent dans une existence mi-humaine, mi-bestiale. Elles laissèrent des vestiges que l'on redécouvre aujourd'hui et qui sont censés vous permettre de retrouver le souvenir de votre héritage ancien. Les pierres, les rochers et les terres sur ces sites archaïques servent également d'annales qui ont beaucoup à partager avec vous si vous demeurez ouverts à leurs vibrations et à leur sagesse.

Les événements survenus en ces temps reculés avaient pour but d'assurer que chaque race, chaque culture et civilisation de cet univers serait représentée quand viendrait le moment de la réunification. Le même processus s'enclencha dans des régions perdues d'Europe, d'Afrique, d'Asie, d'Amérique du Sud et d'Australie. Ce sont là des points d'incubation pour la réunification future de l'humanité. Ici réside le fondement de tout conflit sur terre : s'opposer à l'inéluctable.

Le point focal de l'évolution spirituelle se situait depuis plusieurs millénaires en Orient ; mais récemment, il est passé en Occident. L'étude des cultures amérindiennes du Canada et des États-Unis démontre l'existence de centaines de tribus. Une diversité étonnante en ressort, c'est le moins qu'on puisse dire, la peau des Amérindiens allant du brun cuivré au rouge et presque blanc, et leur forme corporelle étant soit trapue et robuste avec des traits faciaux plats, soit élancée avec des visages finement découpés. De plus, entre ces deux types se présentaient de multiples variations. Les théories et conjectures abondent quant à la manière dont sont apparues les races amérindiennes en Amérique. Toutefois, elles sont toutes erronées. Ces peuplades sont issues de lignées lémuriennes et atlantéennes et s'y trouvaient bien avant l'époque que vos historiens sont disposés à concevoir. Il en va de même pour l'Afrique et les autres continents ; à moins de connaître les faits véritables, la diversification des races défie toute explication.

Les nations amérindiennes revendiquent la possession du territoire et il est indéniable qu'à l'instar de nombreux peuples et de plusieurs sociétés de jadis et d'aujourd'hui, elles ont été victimes de grossière maltraitance. Des colonies se disputent des territoires partout dans le monde, et l'histoire se répète depuis des siècles. Il est temps de mettre un terme à ces conflits et d'amener à la conscience de chacun que le mal causé à l'un atteint également le tout, incluant ceux qui perpètrent ces torts.

Les lignes telluriques du réseau à l'intérieur et à la surface de la Terre se rétablissent et sont dynamisées, et la grille christique se réactive au-dessus du globe. Par ailleurs, nous avons toujours fait appel à de puissants vortex au sommet des montagnes afin de mêler, de fusionner et d'irradier les énergies subtiles de l'Esprit d'un lieu à un autre. C'est pourquoi les cimes élevées exercent sur vous une telle attraction. Les vagues nouvelles de la Création se répandent d'un pays, d'un sommet et d'un site sacré à un autre et vous ajoutez à ces flux lumineux les semences de votre essence. Vous portez en vous les graines d'une création inédite, le stade subséquent de l'évolution qui cherche à naître ; c'est pourquoi vous éprouvez les douleurs de l'enfantement. La planète elle aussi est bombardée de ces graines raffinées de création. Elle les absorbe en son sein et les emploie pour faciliter le processus de transformation qu'elle doit inévitablement subir.

Vous êtes animés, amis inestimables, de l'ardent désir de reconnaître les maints aspects du Soi en vous. Le noyau même de votre essence contient une incroyable diversité d'expériences, de perceptions, de tendances et de potentialités. Vous n'avez pas la moindre idée des lieux où vous avez vécu, des choses que vous avez créées et des identités que vous avez adoptées au fil de vos pérégrinations dans cet univers et d'autres encore pour certains d'entre vous.

Vous êtes parvenus jusqu'ici, bien-aimés, et avez accompli énormément. Ainsi, ne vous découragez pas, ne perdez pas espoir si près de la victoire. Regardez autour de vous, voyez tout ce dont vous pouvez être reconnaissants, comptez les miracles dont vous avez bénéficié et les merveilles auxquelles vous avez donné naissance. Ne vous attardez pas à vos échecs ; tournez-vous plutôt vers une vision de l'avenir, tout en semant les graines de vos propres créations nouvelles.

Les dernières étapes d'une course étant toujours les plus difficiles, les ultimes mètres paraîtront presque impossibles à parcourir. Prenez une bonne inspiration et puisez à même votre force intérieure ; vous recevrez alors une autre poussée d'énergie qui vous permettra d'achever votre mission. Voilà pourquoi vous êtes ici, maintenant. Vous n'êtes pas seuls et ne l'avez jamais été, car nous sommes toujours auprès de vous et vous aimons, infiniment.

JE SUIS l'archange Michaël.

19

Affiner votre perception spirituelle

Maîtres bien-aimés, faisons une pause avant de commencer cet enseignement. Fermez les yeux et libérez-vous de la notion du temps et de l'espace. Visualisez plusieurs courants d'amour/Lumière irradiant du puits de votre cœur ; ces rayons déferlent et englobent toute chose et tout être sur terre. Imaginez qu'ils s'élèvent jusqu'aux planètes et aux étoiles de votre système solaire. Grâce à votre vision interne, voyez des milliards de faisceaux lumineux, de diverses dimensions, rayonnant vers vous depuis chaque être vivant ici-bas. Oubliez la haine, oubliez la peur et le jugement, délaissez vos idées et reliez-vous à l'essence primordiale de vos frères et sœurs du monde entier.

Vous êtes uniques et cependant tous les mêmes, car vous êtes issus de la substance du Créateur – une pure Lumière immaculée renfermant l'essence de tout ce qui a jamais été et qui sera jamais : le potentiel non manifesté de Dieu. Et vous, étincelles de Lumière manifestée sur le plan physique, portez le plein potentiel du Créateur. Consentez à vous élever vers un lieu raréfié où vous deviendrez des êtres de Lumière s'élevant et se connectant à chaque autre être de Lumière dans l'univers. Rien ne vous sépare les uns des autres. Il ne peut y avoir de dissociation, peu importe la distance qui vous éloigne du cœur du Créateur. Le rôle que vous avez accepté de jouer au fil des âges n'a pas non plus d'importance, ni la quantité de manteaux de chair endossés, ni le nombre de fois que vous avez fragmenté le rayon de votre âme en parcelles de plus en plus petites, puisque vous avez toujours été connectés à votre présence JE SUIS et au Créateur. Et pareillement, vous avez toujours été reliés les uns aux autres. *Ce lien n'a jamais été rompu et ne le sera jamais.*

Inspirez tous profondément, lentement, et percevez que vous êtes enveloppés de vagues irisées, luminescentes et ondoyantes débordant d'amour/Lumière et des vertus de notre Dieu père/mère. Ces vagues lumineuses raréfiées comportent toute l'énergie et tous les éléments dont vous aurez jamais besoin pour modeler votre sphère de rêves, poser les fondations du nouvel âge et recouvrer votre état de maître. Sachez que les barrières entre nous n'existent plus. Même si nous n'avons jamais été vraiment séparés de vous, nous avons désormais l'autorisation de consolider notre connexion avec vous, d'instant en instant et de jour en jour. Vos enfants n'errent plus dans les ténèbres, sur un chemin qui ne mène nulle part. Vous vous éveillez et retrouvez le souvenir de cette expérience grandiose qui tire cependant à sa fin. Jamais plus vous ne vous sentirez que des pions sur l'échiquier de la destinée. En obtenant vos droits divins de cocréateurs, jamais plus vous n'engendrerez ce qui conduit à la souffrance et au malheur. Pourquoi le feriez-vous, quand il vous est tout aussi facile de générer la joie, la paix et l'abondance ? Vous n'avez qu'à nous autoriser à faire partie intégrante de votre vie. Ouvrez votre cœur et votre esprit à la possibilité que nous soyons bien réels et tout à fait capables de vous aider dans les activités les plus insignifiantes comme dans les entreprises d'envergure. Passez à la sphère magique de l'innocuité, cet état qui n'alimentera pas le champ global d'énergie négative mais apportera plutôt une énergie vivante, bienveillante à l'aura d'amour/Lumière entourant le globe terrestre, la grille christique dorée d'illumination.

Votre univers et votre réalité s'estompent tout doucement. Les formes-pensées négatives appartenant au système de croyances collectives, et qui étaient captives du plan astral inférieur (émotionnel), se dissolvent lentement. Puisque vous revenez graduellement à l'équilibre, le jeu de la dualité/polarité perd graduellement son emprise sur vous et, par conséquent, votre côté ombre se dissipe peu à peu et votre Lumière pénètre davantage les ténèbres. À mesure que vous avancez sur le chemin vers l'illumination, les règles du jeu se modifient aussi. On dit souvent de ce chemin qu'il représente une « route escarpée », et c'est vrai. Chacun de vous doit rendre des comptes (sans toutefois être jugé) selon son degré de lucidité. Vos anges gardiens et votre Soi supérieur vous offrent sans cesse des occasions ou des défis visant à susciter votre éveil. Si vous demeurez, chacun, observateur et opérez en conformité avec les lois universelles de la Création et celles de cause à effet, vous percevrez bientôt la sagesse et la justesse des événements qui jalonnent votre existence. Vous serez confrontés à diverses situations et vous devrez inévitablement faire des choix. Sachez qu'à moins de causer du tort à autrui ou à vous-même, aucune décision n'est erronée. Vous découvrirez qu'il y a de bons choix ou de meilleurs choix, d'excellents choix ou choix suprêmes, et que l'éventail offert changera en fonction de votre évolution sur la spirale de la conscience. Cet éventail (ou spectre de choix) s'étend de un à cent pour cent. Devenir maître de votre destinée signifie que vos décisions seront plus complexes et difficiles à cerner. C'est pourquoi vous devez affiner votre discernement et vous montrer objectif ; le plus souvent, il faudra vous élever au-dessus d'une situation afin d'en percevoir l'ensemble plus clairement.

Notre premier exemple met en scène une personne ayant opté pour une existence de privation, agissant en accord avec sa nature instinctive, tentant d'assimiler les leçons de la troisième dimension et d'améliorer son univers et celui de son entourage. Ses choix négatifs présenteraient un taux vibratoire allant jusqu'à 50 %, et ses choix positifs iraient de 51 à 75 %. Le deuxième exemple est celui d'un individu qui a adopté un mode de vie lui permettant de goûter les richesses du plan terrestre tout en entamant le processus d'éveil spirituel. Celui-ci s'est engagé dans la voie menant à la pleine conscience et, comme l'explique le message intitulé « La promesse dorée », il a absorbé une importante quantité d'essence du Soi gardée en réserve par sa présence JE SUIS. Par conséquent, son spectre de choix s'étend en quelque sorte, du point de vue du raffinement et de la vibration, de 75 à 90 %. Une perception plus large multiplie vos opportunités, mais aussi vos responsabilités. La spirale conduisant à la maison peut s'avérer un voyage progressif ou une montée escarpée, mais chose certaine, vous devez prendre les bonnes décisions, suivant votre degré d'illumination, et vous efforcer de maximiser vos aptitudes. Le troisième et dernier exemple représente la plupart d'entre vous, ceux que nos messages touchent, qui sont engagés à fond sur la voie et qui ont connu maintes épreuves, tribulations et la nuit obscure de l'ego actuellement affûté et soumis afin de devenir le serviteur de l'âme. Vous avez cherché, éprouvé, trié et raffiné ce que vous acceptez désormais comme vos vérités et, ce faisant, avez tissé une réalité toute neuve. Par tâtonnements, vous apprenez à maîtriser l'usage des lois universelles de la manifestation. Les résultats de vos choix se concrétisent rapidement sous vos yeux et, dès lors vous êtes aptes à constater que la loi de cause à effet est immuable et que vous êtes effectivement les auteurs de votre réalité et du monde qui vous entoure. En vous « maîtrisant » vous-mêmes, ainsi que le monde, votre éventail de choix se modifie et atteint l'ordre le plus élevé, soit de 90 à 100 %. Lorsque vous y serez parvenus, les bénédictions de Dieu déferleront sans aucun doute sur vous.

Chères âmes, quand vous délaissez le joug de l'espace-temps et de la densité des dimensions inférieures, vos visions se précisent et s'éclaircissent. Vous devez toutefois éviter d'avoir des attentes ou des exigences quant à la manière dont elles se réaliseront, ou au moment où elles prendront forme. Vous affichez une résolution ferme et avancez avec confiance, aise et grâce, car votre mantra perpétuel est « Pour le bien suprême de tous ».

Vos origines cosmiques se révèlent encore un peu davantage et plusieurs se sentent mal à l'aise, angoissés, lorsqu'ils prennent connaissance des récits historiques et des messages décrivant les multiples visages de la Création. Quelques-uns remettent en question l'authenticité de certains faits et renseignements. Nombre d'éléments sont soumis à votre discernement et, comme il a été dit précédemment, libre à vous de filtrer ce que vous adopterez comme votre vérité. Nous vous l'avons expliqué déjà, les mythes et légendes d'autrefois font référence à des faits avérés, et ce, sans doute beaucoup plus que vous n'êtes disposés à l'admettre. Puisque la question a été adressée à notre messagère, permettez-nous de donner un exemple. Les humains ont toujours ressenti une intense fascination pour les dragons, bienveillants ou maléfiques ; il s'agit là de l'un des mythes les plus persistants chez eux. Les dragons sont décrits comme des créatures formidables pourvues d'ailes et d'une longue queue ; leur peau se compose d'écailles colorées, et leur bouche et leurs narines projettent de grands jets de feu. D'aucuns éprouvent un attrait intense à l'endroit de ces animaux légendaires qui, règle générale, suscitent surtout la crainte et sont dépeints comme dangereux et malfaisants.

Il y a plusieurs années, lorsque cette question fut adressée à Ronna, nous avons emmené celle-ci en voyage intérieur vers la galaxie pour qu'elle puisse constater directement les origines de cette légende. Imaginez, bien avant que votre galaxie se forme il y a d'innombrables éons, que vous étiez des êtres divins conscients d'une radiance infinie, des personnages magnifiques, immenses et fluides présentant la totalité des rayons, des couleurs, des vertus et des attributs du Créateur. Quelques-uns parmi vous choisirent alors d'afficher des couleurs irisées et ondoyantes, tandis que d'autres adoptèrent différentes formes, dont celles similaires aux dragons. En tant que soleils cocréateurs, vous voliez et expérimentiez, laissant derrière vous de longues traînées lumineuses semblables à des ailes ou à une queue imposante. Et puisque vous faisiez usage de vos pouvoirs de création, de vos naseaux sortaient d'immenses faisceaux du premier rayon de la volonté et du pouvoir divins, ou feu de création. Mais quelles créatures fabuleuses vous étiez ! Et quelles œuvres prodigieuses vous avez réalisées en parcourant en vol l'univers manifeste et en vous dorant à l'aura de notre Dieu père/mère. Tout cela préparait votre éventuelle descente au travers des dimensions, vers le plan physique.

Seuls ceux d'entre vous qui ont été en mesure de transcender les limites de leur véhicule physique et de s'élever en Esprit vers les royaumes supérieurs ont une vague idée de la nature de ces sphères enchanteresses. Les visions offertes et les explications données sont effectivement simplistes et ne révèlent qu'une infime partie du caractère véritable de l'endroit où nous résidons. Vous constaterez donc que, afin de vous apporter ces représentations sublimes du commencement des temps et des multitudes de formes que vous avez adoptées, il vous a fallu les filtrer par vos facultés mentales terrestres. Les dragons, ainsi que nombre de vos monstres, ne sont que votre propre interprétation de quelques-unes des plus fantastiques créations de Dieu ; ils ne pourraient être plus éloignés de la vérité.

Vous posez les assises pour la décennie de bouleversements à venir. Nous observons et pouvons apercevoir les énergies qui façonneront vos futurs probables. Il nous est aussi possible de voir à quel point ces futurs se mouleront à votre libre arbitre. Personne, non personne, ne peut donc prédire l'avenir avec certitude, puisque le recours au libre arbitre sera toujours le facteur déterminant. Nous examinerons plus à fond ce sujet dans un prochain message, mais pour l'instant nous vous demandons de profiter pleinement du don du libre arbitre qui vous a été accordé par Dieu et d'effectuer les meilleurs choix qui s'offrent à vous. Ainsi, vous ajouterez votre énergie au futur qui s'avérera le plus reluisant pour l'ensemble de l'humanité. Vous êtes beaucoup plus puissants que vous ne le croyez, et si vous vous unissez par la prière, pour une cause commune, vous serez en mesure d'empêcher des guerres, de mettre un terme à la destruction de la Terre et d'engendrer la paix et l'abondance pour tous.

Chacun d'entre vous est responsable de l'énergie qu'il puise à même la banque cosmique de substance vitale primaire. Comment chacun dépense-t-il son héritage spirituel ? Puisque nous nous engageons ensemble dans cette étape cruciale de l'évolution, veuillez définir votre engagement envers vous-même et votre famille spirituelle universelle. Si vous le voulez bien, livrez-vous quotidiennement à ces affirmations au cours de l'année qui vient :

À titre d'enfant de Dieu je réclame maintenant mon droit divin. Je chercherai à clarifier ma vision et tendrai toujours vers le meilleur choix. J'évoluerai en paix et partagerai ma lumière, mon amour et ma joie avec tous. J'accueillerai chaque instant comme un don du potentiel non manifesté. Chaque jour, je m'efforcerai d'assimiler davantage de mon Soi divin. Il en est ainsi. Je suis le JE SUIS.

Joignez-vous à nous, bien-aimés, et effectuez les meilleurs choix dans le cadre du plan divin du Créateur. Nous avons entamé ensemble ce périple dans la joie et l'enthousiasme, et quand nous nous retrouverons pour célébrer notre victoire, nous nous exclamerons : « Bien joué, braves guerriers de la Lumière, bien joué ! »

JE SUIS l'archange Michaël et je vous apporte ces vérités.

20

Les outils de création

Maîtres bien-aimés, si je vous disais qu'il est possible de posséder ou de devenir tout ce que vous pouvez imaginer ou concevoir ? Que vous êtes en possession d'une clef enchantée pouvant déverrouiller le coffre aux trésors de l'univers ? Que vous avez à votre disposition une équipe d'assistants qui n'attendent que votre autorisation et vos instructions pour vous aider à réaliser vos désirs ? Et si je vous disais que Dieu attend seulement que vous réclamiez votre droit de naissance d'êtres divins de Lumière et que vous collaboriez à la création d'un monde nouveau et d'une autre galaxie ? Et si je vous disais encore que vous êtes en mesure de vous affranchir de la douleur, de la peur, du conflit, de la pénurie et de la souffrance simplement en modifiant votre schéma de pensée et vos actions ? Et si je vous offrais de déblayer la voie et de vous indiquer le chemin à suivre, de façon que vous puissiez évoluer élégamment vers un monde de paix, de joie et d'harmonie ? L'accepteriez-vous ? Seriez-vous d'accord ? Croiriez-vous que cette chose est possible et qu'elle est même à la disposition de chacun ? Il faut cependant prendre la décision de vous avancer et de déclarer vos intentions.

Êtes-vous disposés à franchir le portail menant à la pleine conscience ? Êtes-vous prêts à quitter l'ancien monde et à pénétrer le néant d'une création nouvelle, là où tout est possible ? Il n'y a rien à craindre, puisque le royaume dont nous parlons est la cinquième dimension, une sphère foisonnant d'idées et de formes-pensées n'attendant que de se concrétiser sur le plan matériel. Vous possédez toute la connaissance nécessaire et apprenez à puiser à la sagesse interne conservée dans votre structure cérébrale. Un nombre croissant d'entre vous se libèrent des souvenirs archaïques et contraignants qui les ont maintenus captifs de l'illusion tridimensionnelle. Il est temps pour vous de savoir si vous êtes prêts à délaisser l'organisation et les limites de votre passé et à pénétrer dans l'inconnu de l'avenir.

Nous vous avons enseigné les fondements permettant de construire votre pyramide de pouvoir dans la cinquième dimension, ainsi que la manière de fabriquer un coffret symbolisant votre prospérité, un outil tangible grâce auquel vous pouvez amener de l'avant l'énergie et les éléments de la cinquième dimension. Nous constatons que vous avez besoin de directives, d'exemples et d'illustrations concrètes quant à la façon dont fonctionne le concept de « réalité supérieure ». Voici quelques instructions supplémentaires qui vous assureront d'employer ce don correctement et avec profit. Maintenant que vous avez saisi les règles visant à concrétiser vos désirs et ce que vous souhaitez manifester dans votre vie (notez en détail de quoi il s'agit, ajoutez le carburant affectif positif, accordez vos désirs à ceux de votre Soi supérieur pour le bien suprême de tous et prenez les mesures qui s'imposent pour faire fructifier votre vision), raffinons donc ce processus afin d'approfondir votre compréhension.

Sachez bien que vous ne cherchez pas vraiment à obtenir des « choses », mais bien plutôt des qualités, des vertus et des attributs qui vous apporteront paix, joie et harmonie. Peut-être habitez-vous une somptueuse demeure pourvue de tous les conforts. Peut-être occupez-vous un poste d'influence assorti d'avantages intéressants et d'un revenu substantiel. Pourtant, vous êtes tout de même malheureux et insatisfait. Ainsi, après avoir dressé la liste de tous vos désirs de choses matérielles, il est important de définir la qualité de vie que vous recherchez. Vous rêverez sans doute d'une maison confortable et spacieuse qui comblera vos besoins physiques, d'un environnement où vous vous sentirez en parfaite sécurité et qui vous procurera sérénité et joie. Vous pourriez exiger que tous vos besoins et désirs soient comblés avant même d'en prendre conscience, que toutes les bonnes choses et les bénédictions de Dieu coulent sans fin dans votre existence. Au lieu de vous focaliser sur l'âme sœur ou sur une relation amoureuse en particulier, imaginez que vous êtes entouré d'amis et de proches enjoués, affectueux, encourageants, et que l'amoureux ou l'amoureuse apparaît au moment opportun. L'Esprit connaît le moment où chacun de vous est prêt à une relation durable et épanouissante, bien-aimés. Ne précipitez pas les choses. Ne vous contentez pas de moins que d'un choix excellent. Prenez soin de vous, partagez votre amour avec autrui, et vos rapports humains s'enrichiront et deviendront plus satisfaisants.

Ne vous concentrez pas sur vos défauts et tendez vers la plénitude. Laissez votre corps sensible se modifier et se transformer à son rythme. Il vous a fallu plusieurs années voire quelques vies, pour devenir ce que vous êtes. Plusieurs parmi vous sont affligés de troubles physiques parce qu'ils cherchent à retrouver la perfection. Nous vous l'avons souvent répété : vous avez choisi de plein gré le véhicule physique que vous habitez aujourd'hui. *Acceptez-le et respectez-le, et il vous servira de son mieux au cours de cette ère de transformation accélérée.*

Placez dans votre coffret de prospérité des idées, des attributs, des sentiments et la « condition d'être » que vous souhaiteriez atteindre en cette vie même, puis laissez l'Esprit manifester toutes bonnes choses de la manière appropriée et au moment opportun. Restez simples. Une fois notés les détails de chaque aspect de votre vie (physique, mental, émotionnel, spirituel, financier, travail, créativité, relationnel et social), déclarez chacun : *J'attire à moi et par moi tout ce dont j'ai besoin maintenant et aurai besoin plus tard afin de me sentir aimé, d'être heureux, en paix, prospère, utile, dynamique, en santé et en totale harmonie avec la présence JE SUIS.*

Visualisez que vos mains sont tendues et débordent de millions d'étincelantes pyramides de cristal adamantin qui vous entourent finalement et rayonnent de vous vers le monde où tous seront en mesure d'en profiter. Imaginez que vous attirez à vous l'énergie cosmique non manifestée de création et qu'elle se moule en tous les éléments de création désirés.

Chers amis, vous servez-vous pleinement des outils de création ? Il faut les activer et les harmoniser intérieurement afin d'employer efficacement les éléments de la Source Dieu. Les forces élémentaires de la nature constituent les éléments principaux des créations divines : le feu, l'air, la terre et l'eau. Ces forces résident aussi essentiellement dans chaque créature vivante. Lorsque vous avez d'abord enfermé votre Soi spirituel dans un vêtement de chair, vous étiez parfaitement équilibrés à tous points de vue, même sur le plan des forces élémentaires intérieures. Néanmoins, au fil du temps et après de nombreuses expériences négatives, vous vous êtes mis à être plus à l'aise dans une modalité ou une autre et, par conséquent, êtes devenus déphasés ou en déséquilibre.

Quel usage faites-vous de l'élément feu, comment l'exprimez-vous ? Vous avez besoin de la qualité du feu pour que se consume votre source de puissance intérieure. C'est dans l'élément feu que vous puisez votre force, votre courage et votre volonté. L'énergie du feu est la force d'extraversion, l'enthousiasme ardent qui porte à créer, à se développer et à vivre l'expérience. Lorsque votre feu est faible ou employé inefficacement, vous éprouvez un manque de vitalité, êtes sujets à la dépression ou confrontés à des problèmes de survie ou de pénurie. Quelques-uns emploient l'énergie du feu par à-coups ; ils entament un projet ou utilisent leur source de pouvoir, mais rapidement ils se « brûlent » et ne parviennent pas à résister. D'autres font un usage excessif de leur source de puissance et, lorsqu'ils font fi des signaux d'alerte, « s'effondrent ». D'autres encore souhaitent, rêvent et espèrent, mais ne font pas appel comme ils le pourraient au pouvoir du feu afin de se mobiliser à l'action et de mener à terme leurs rêves. Votre âme ou Soi-Esprit et l'élémental de votre corps vous signaleront que vous ne faites pas un usage adéquat du pouvoir igné, et ce, par le biais de symptômes cardiaques, de maux de tête, de rhumes de sinus, de brûlures, d'explosions d'impatience, et d'accidents.

L'élément air est associé au mental et à l'intellect, à l'apprentissage conscient, à la communication, à la pensée abstraite et scientifique et à l'inspiration. Votre corps mental, qui fait appel à l'élément air comme carburant, est la porte menant à la sagesse et le moyen par lequel vous vous reliez au plan mental supérieur, à la grande bibliothèque cosmique, à l'illumination et au mental Dieu. La faculté de penser et de raisonner en recourant à l'élément air est ce qui distingue le royaume humain de l'animal et des autres règnes. Quand le mental n'est pas développé, l'élément air est insuffisant, ce qui n'engendre pas seulement un manque d'instruction, car il existe plusieurs illustres esprits et âmes sages qui, n'en ayant que peu, ont néanmoins développé leur esprit et utilisé le pouvoir de l'élément air de maintes façons. Ces exceptions constituent des exemples stupéfiants de la manière dont l'élément air peut être le mieux employé. L'incapacité de communiquer sa pensée ou de se concentrer, une rigidité de l'attitude mentale indiquent que les gens ne font pas un usage juste de l'élément air. Si tel est le cas, ils sont enclins à la jalousie envers autrui, à de l'insatisfaction et à la confusion. Ils deviennent craintifs et, en raison de leur estime de soi médiocre, se montrent critiques par rapport aux autres et portent des jugements. Votre âme ou Soi-Esprit et l'élémental de votre corps vous indiqueront votre erreur par des troubles nerveux, pulmonaires ou respiratoires, une mauvaise circulation sanguine et des affections au cerveau. Employez le pouvoir de l'air, bien-aimés, afin d'ouvrir votre esprit aux possibilités infinies qui s'offrent à vous.

L'élément eau est l'aliment de nature émotionnelle. Une fois employé à bon escient, il engendrera un sentiment de bien-être, de paix, de sérénité, la capacité d'aimer et d'être aimé et de se délecter de l'expérience de vivre et de créer sur le plan terrestre. Les émotions du corps d'ego diffèrent fortement des aspirations spirituelles, car l'ego demeure centré sur le soi limité et ses besoins, alors que le Soi spirituel sait qu'il fait partie d'un tout plus vaste. Lorsque vous mésusez de l'élément eau, ou aliment émotionnel, vous êtes hypersensibles, dépendants des autres, possessifs, ambivalents, éprouvant alors des difficultés à prendre des décisions. Votre âme ou Soi-Esprit et l'élémental de votre corps attireront dès lors votre attention par le biais de problèmes à l'estomac, aux seins, à la vessie ou aux intestins, et par l'obésité. Mettre à profit le pouvoir de l'élément eau harmonisera votre nature émotionnelle avec l'Esprit, ce qui laissera place à une foi inébranlable et à la conviction que tout va bien. Car vous êtes guidés par des anges et aimés par notre Dieu père/mère.

En tant que semences d'étoiles en mission ici-bas, il est certain que le pouvoir de l'élément terre est de toute première importance pour vous. Plusieurs n'ont pas les deux pieds bien ancrés sur terre et souhaitent ardemment quitter ce plan dimensionnel pour retourner au lieu auquel ils appartiennent, parmi les étoiles. Nous comprenons votre désir, chers amis, mais vous devez également accepter l'importance d'occuper totalement votre corps en vue de réaliser votre mission. Le fait de n'être pas ancrés ou de mal utiliser l'élément terre entraînera des difficultés sur le plan de la survie ou du manque, installera une mentalité de victime, l'indécision et l'incapacité de gérer votre destinée. L'opposé consiste à être chacun trop porté sur l'aspect matériel au détriment du Soi-Esprit, ce qui conduit à la complaisance, à l'avidité et à une quête sans fin de gratifications sensorielles. Votre âme ou Soi-Esprit et l'élémental de votre corps vous signaleront cette erreur par des problèmes cutanés ou dentaires, une incapacité à digérer les sucres, des malaises intestinaux, de l'arthrite ou de l'artériosclérose.

Bien-aimés, vous étiez conçus pour mener une existence longue et fructueuse, et pour jouir d'une excellente santé et d'une forte vitalité jusqu'au moment de franchir le seuil ou de transcender vers le niveau subséquent d'existence. Aux yeux de Dieu, vous êtes parfaits et le grand plan ne mentionnait pas que vous ayez à souffrir de maladies ou de malaises. Notre intention n'est pas de vous inquiéter ni de vous culpabiliser. Nous cherchons simplement à vous transmettre la connaissance et les outils permettant de recouvrer votre magnificence pour que vous puissiez vivre votre séjour terrestre comme cela devait être.

Voici la période de l'année où le calice d'amour/Lumière et les bénédictions de la Création se déversent sur l'humanité et la planète. Ouvrirez-vous votre cœur et le calice intérieur pour qu'ils se remplissent à ras bord ? Il est temps que les semences d'étoiles en provenance de régions reculées s'assemblent dans le but de réaliser un objectif commun. Le moment de prendre une décision est venu, bien-aimés. Ouvrirez-vous la porte aux miracles et en franchirez-vous le seuil ? Nous vous attendons de l'autre côté. Sachez que nous sommes toujours tout près pour vous guider, vous protéger et vous soutenir. Vous êtes aimés, infiniment.

JE SUIS l'archange Michaël.

21

Orienter votre passage au nouvel âge

Maîtres bien-aimés, vous avez souvent entendu dire que la fin des temps était arrivée, et plusieurs d'entre vous sont terrifiés, parce qu'ils voient un tel phénomène comme quelque chose de néfaste ou de cataclysmique. Rassurez-vous, c'est déjà « l'apocalypse », et ce, depuis votre venue en ce monde. Toutefois, vous lui imprimerez une saveur positive ou négative, puisque chacun de vous est l'auteur et le directeur du scénario intitulé « Passage au Nouvel Âge ». Puisque vous devenez des réceptacles clairs accueillant les énergies raffinées de Lumière, celles de la troisième dimension se rééquilibrent et celles des dimensions supérieures sont relancées. Nous mentionnons souvent le retour à « l'unité ». Permettez-nous de donner une explication plus détaillée du processus. Nous avons déjà décrit comment vous équilibrez et intégrez les multiples aspects de votre être, ainsi que vos retrouvailles avec vos familles spirituelles sur les plans physique et spirituel. Voilà ce à quoi vous aspiriez, ce que vous cherchiez à atteindre ; et nombre d'humains y sont admirablement parvenus.

Comme vous vous élevez au-dessus de la peur et du jugement, vous percevez maintenant le monde depuis un point de vue supérieur, empreint d'une compréhension plus fine, de compassion et de tolérance. Vous rayonnez d'un amour inconditionnel et faites confiance aux voies de la Providence tout en demeurant focalisés sur l'éternel présent. Vous comprenez que peu importe la situation qui se présente à vous, elle servira en fin de compte à votre bien suprême. Vous n'avez qu'à observer, traiter, intégrer et à poser le geste approprié, puis à passer au défi suivant. Vos leçons sont peut-être d'un caractère moins évident désormais, mais leur rythme s'accélère.

Vous devenez plus sensibles aux énergies et aux formes-pensées des gens qui vous entourent. Vos facultés télépathiques s'éveillent ; elles représentent l'une des facettes de la conscience d'unité. Quelques-uns tentent d'atteindre l'état de maître et se demandent pourquoi leurs efforts ne sont pas récompensés ou pourquoi la manière dont les autres les perçoivent diffère de leur perception d'eux-mêmes.

Chères âmes, il vous faut sans relâche surveiller les formes-pensées et les énergies que vous émettez vers les autres, car ces derniers ne sont pas dupes. Doutez-vous encore de votre valeur personnelle, de vos aptitudes ? L'ego est-il toujours la force motrice en vous ? Jouez-vous chacun au martyr qui se sacrifie, tout en espérant l'approbation d'autrui ? En devenant ce que nous appelons une « méditation vivante », vous observerez spontanément et surveillerez les pensées qui dérivent dans votre mental. Vous montrerez davantage de discernement quant à ce que le mental, conscient et subconscient, enregistre comme votre vérité ; vous vous exprimerez et agirez ainsi en toute intégrité. La Lumière curative de votre

Soi supérieur imprégnera chaque aspect de votre être puisque vous chercherez à atteindre l'équilibre parfait, intérieurement et extérieurement.

À l'instar de la Création, l'évolution a débuté avec le Tout, ou « Soi du mental du Créateur », qui irradia en des portions fractales du Soi, mais le processus s'est dorénavant inversé. C'était inévitable. Nous aimerions que vous vous rendiez compte de ceci : *le groupe de gens qui reviennent à la conscience d'unité comprend ceux qui résonnent aux degrés supérieurs des quatrième et cinquième dimensions, mais également ceux qui sont immergés dans l'illusion de la troisième dimension.* C'est pourquoi la peur, la culpabilité, la haine et la souffrance se sont intensifiées et multipliées. La télévision et le réseau Internet, qui donne accès à l'information au moyen d'ordinateurs, ont rendu votre monde bien petit. Presque instantanément, vous êtes au courant des événements qui surviennent un peu partout, et vous êtes sans cesse assaillis par les idéologies et doctrines de cultures et sociétés étrangères. Vous demeurez témoins de tragédies à l'échelle mondiale et participez activement par le biais de vos opinions, de vos croyances et de vos émotions.

Imaginez une large bande d'énergie entourant la Terre et contenant les formes-pensées de la conscience collective tridimensionnelle, une vaste diversité d'impressions dominées surtout par l'angoisse, le sentiment de séparation et les idées issues de l'ego. Visualisez que vous – du moins ceux qui sont sur le point d'intégrer leur Soi-Esprit – pénétrez et traversez cette bande d'énergie. Cependant, puisque ce n'est plus là votre réalité, elle n'exerce plus d'effet sur vous. Vous avez érigé une colonne de Lumière cristalline autour de vous afin de vous accorder à votre présence JE SUIS et aux merveilleuses fréquences des dimensions supérieures. Voilà où vous accédez à vos plus nobles vérités, acquérez des connaissances inédites et vous imprégnez des vagues curatives d'amour/Lumière provenant du Créateur. Voilà où vous retrouvez vos familles spirituelles et communiez ensemble.

Ceux qui opèrent toujours dans la réalité liée à la troisième dimension perçoivent ce processus tout à fait autrement. Ils s'abreuvent à la négativité des autres et, par le fait même, déclenchent un chaos frénétique alimenté par la peur. Un vaste spectre de possibilités pernicieuses s'offre à eux, et si l'un d'eux admet un concept dans son mental, celui-ci sera amplifié de façon exponentielle. Ce drame se joue à l'échelle planétaire, car tous – familles, voisins, communautés, corporations, religions et nations – se défient, tentent de remporter l'hégémonie, de conquérir, de détruire ou, du moins, de mouler les diverses croyances à leurs doctrines, cherchant ainsi à valider ce qu'ils estiment être l'unique vérité possible.

Le monde entier assiste au spectacle mettant en scène les États-Unis tentant de retrouver leur unité. Le scénario politique qui a cours est le produit de convictions tirées de la conscience collective des citoyens américains. Quelques-uns des plus importants centres spirituels du nouvel âge seraient situés en Amérique du Sud et du Nord, là où s'effectue un grand brassage d'humains issus de chaque race, de chaque civilisation en cet univers. Ne voyez-vous pas que l'Esprit de ce grand pays cherche l'équilibre et la réunification ? La diversité relève du plan du Créateur, mais rien ni personne n'est censé être considéré comme meilleur ou valant mieux que l'autre ou le reste. Au départ, vous avez tous été créés égaux – des étincelles divines d'amour/Lumière. Les concepts de moindre ou de meilleur sont entièrement de votre cru.

Les dirigeants mondiaux ne sont que des reflets de la conscience collective des peuples qu'ils gouvernent. Les assoiffés de pouvoir seront soumis à l'hégémonie d'autres plus puissants qu'eux encore. Les individus animés par l'avidité habiteront un monde où ils ne pourront avoir confiance en personne et où leurs possessions ne leur apporteront aucune satisfaction, peu importe l'immensité de leur fortune. Ceux qui chercheront l'amour et la valeur personnelle à l'extérieur d'eux-mêmes seront voués à une existence solitaire empreinte de nostalgie, car l'Esprit ne peut résider en un cœur à ce point fermé.

Sachez que partout dans le monde, de magnifiques maîtres/leaders spirituels œuvrent en coulisse ou attendent l'occasion d'agir. Des membres du gouvernement à tous les échelons et des employés d'entreprises accomplissent discrètement la mission qu'ils ont choisie, permettant à l'Esprit de transparaître lorsqu'ils font pénétrer la Lumière dans les coins sombres, modifiant ainsi les convictions dépassées.

Le moment est venu de dresser l'inventaire, bien-aimés : vous associerez-vous à la mentalité apocalyptique, cataclysmique, parce que vous êtes persuadés que Dieu punit l'humanité pour ses péchés ? Le monde vous paraît-il plus chaleureux ces temps-ci, ou est-il devenu plus terrifiant à vos yeux pour la simple raison que vous n'acceptez pas d'être guidés protégés et éclairés par nous ? Nous n'aurons de réalité pour vous et ne prendrons de part active dans votre vie que si vous l'autorisez. Votre mode d'existence est-il basé sur le doute, la peur, la critique, la culpabilité et la négativité qui alimentent et attisent le côté ombre de la race humaine et la conscience collective tridimensionnelle ? Ou bien diffusez-vous plutôt votre Lumière partout où vous allez tout en cherchant à atteindre toujours plus d'harmonie intérieurement ?

En servant de conduits ou de réceptacles clairs pour la Lumière, vous aidez à nourrir et à revitaliser l'énergie ardente de la géosphère. Et grâce à votre intention bienveillante, vous nous rendez également la pure Lumière de Dieu mêlée aux fréquences planétaires. Il s'agit dès lors d'un carburant d'amour/Lumière que nous pouvons disséminer et déverser sur la planète, là où le besoin est le plus criant, car il a été tempéré par l'élément du cœur humain qui le rend directement accessible à ceux qui se tendent au-delà des chaînes de leur geôle tridimensionnelle et de l'illusion de la conscience collective. Vous êtes les modèles, mes intrépides guerriers, les intermédiaires entre le ciel et la Terre, et vous ancrez la Lumière tout en éclairant la voie.

Il est vrai que de grands bouleversements surviennent actuellement sur la planète ainsi qu'à l'intérieur du globe. Il est vrai aussi que plusieurs chères âmes choisissent de passer à la sphère de l'Esprit – de leur plein gré ne l'oubliez pas – et ce, afin d'attendre le moment opportun pour réaliser leur mission ici-bas. Il vous faut considérer la mort sous un autre angle, bien-aimés. Ce n'est pas une fin, mais un commencement. Vous avez effectué cette transition vers les domaines de Lumière à maintes reprises ; tout simplement, vous avez oublié. Cette attitude générale du collectif qui défend « la vie à tout prix » doit changer. Chez plusieurs, le véhicule physique n'est plus qu'une prison douloureuse, et ces âmes courageuses sont maintenues en vie contre leur gré par des médecins dont le sens du devoir est déplacé. Chacun doit faire connaître sa volonté en prenant en main sa vie et la manière dont il effectuera sa transition. Encore une fois, la conscience collective prévaut, mais vous pouvez en faire fi et décider de votre façon de vivre et de mourir.

Apparemment vous avez chacun de vous effectué seul le voyage d'une descente depuis le domaine spirituel jusqu'au monde matériel, car lorsque votre Esprit se fond dans le véhicule physique, le voile de l'oubli recouvre votre mémoire. En vérité, vos anges gardiens et vos guides sont auprès de vous dès votre première respiration et chaque jour de vos multiples existences. Pendant des millénaires, et selon la croyance, il fallait accomplir seul le voyage de retour vers l'au-delà, mais c'est également faux. Plusieurs êtres merveilleux vous attendent afin de vous seconder jusqu'aux royaumes de Lumière, votre véritable demeure. La famille restée derrière et les êtres chers peuvent aussi s'entraider au cours du processus de transition en partageant des souvenirs intimes et en exprimant leur affection. Assurez vos proches aujourd'hui au seuil de la mort que la séparation imminente n'est qu'illusoire et que votre intention et votre énergie aimante franchiront les divers domaines d'existence. Voilà la clef qui ouvre toutes les portes et transcende tous les plans de conscience.

Bien-aimés, il faut décider à quoi vous accorderez votre allégeance : au côté ombre de la conscience terrestre ou au versant de la Lumière et de la liberté. En avançant courageusement – comme vous l'avez fait tant de fois auparavant –, vous sentirez vos fardeaux plus légers, vos jours plus radieux et remplis de miracles, petits ou grands. Vous franchirez épreuves et tribulations avec un minimum d'effort et apprécierez davantage la douceur de la solitude, car vous y trouverez la présence réconfortante de vos compagnons angéliques et de vos guides. Montrez-vous fermes et résolus, évincez tout ce qui vous empêche de concrétiser votre vision de l'avenir. Voyez-vous, ainsi que vos opinions et vos actions, avec objectivité afin d'obtenir une juste vue de ce qui vous empêche de retrouver votre droit de naissance divin, celui de cocréateurs d'amour, de beauté, de joie, d'harmonie et d'abondance.

Fermez les yeux un petit moment, chers amis ; nous vous inondons de l'essence étincelante de l'amour de Dieu. Sachez que vous êtes entourés et protégés par des légions d'anges et que votre présence JE SUIS déverse sur vous une pleine mesure de bénédictions. Tournez votre regard vers l'année qui vient ; vous devriez pareillement anticiper le nouvel âge d'illumination et la fin de vos tribulations ici-bas. Nous avons tout à fait conscience des épreuves et des difficultés que vous avez subies et surmontées, de ce que vous avez accompli. Nous savons aussi que votre plus fervent désir est de servir la voie de la Lumière, et en ce sensles puissances célestes sont disposées à vous prêter main-forte.

JE SUIS l'archange Michaël et je vous offre ces vérités.

22

La toile cosmique universelle

La moisson

Maîtres bien-aimés, une nouvelle vague d'énergie balaie la Terre ; on ne peut l'ignorer. L'esprit de la planète est revivifié ; il renaît, car celle-ci évolue en une spirale de nouveaux débuts, quittant les vieilles énergies dépassées. Les battements de cœur du Dieu suprême père/mère engendrent inlassablement des cycles d'expansion ; puis, de l'inertie de la perfection, Dieu observe quels résultats en découleront lorsque les téméraires semences de Création se lanceront pour réaliser le mandat divin. À un moment prédéterminé, le Créateur deviendra une fois de plus participant actif du processus créatif. Les pulsations du noyau de son cœur irradient d'une dimension à l'autre et pénètrent peu à peu tout ce qui est dans l'univers et à l'extérieur de celui-ci, jusqu'à rejoindre ses créations les plus distantes. Ce phénomène porte plusieurs noms : treillis cosmique, cortège des âges, ceinture de photons, porte stellaire et ouverture de portails, réveil et retour du Christ. Ces expressions sont justes et valables, mais les cycles en contiennent d'autres et quelques-uns culminent en un grand cycle. Voilà ce qui est en train de se produire à l'heure actuelle.

Nombre d'entre vous savent que l'influx de fréquences supérieures raffinées a d'abord touché la Terre et l'humanité vers la fin des années 1800. Ces fréquences s'intensifièrent et s'accélérèrent régulièrement jusqu'en 1987, moment crucial nommé, fort à propos, « convergence harmonique ». Il fut alors établi que l'humanité et la Terre avaient reçu le maximum de fréquences vibratoires supérieures qu'elles étaient en mesure d'absorber ou d'intégrer sans déclencher les cataclysmes prédits au cours des siècles passés et qui auraient engendré encore davantage de souffrance au lieu de secourir l'humanité, selon le plan. Le réveil s'est mis en branle et vous, semences d'étoiles, vous êtes animés peu à peu. Une fois vaillamment engagés sur la voie, vous avez graduellement redécouvert votre identité et votre nature ; par le fait même, vous avez nettoyé des champs et vibrations négatifs en vous et autour de vous, permettant ainsi à votre Soi-âme, à votre Soi supérieur et à votre Soi christique de régir votre véhicule physique. Vous êtes devenus les réceptacles, les catalyseurs et les transformateurs de ces fréquences et les avez diffusées dans un nombre plus important de régions du monde. Vous étiez alors capables de puiser directement des ressources du mental cosmique et de ramener davantage de connaissances et de force vitale raréfiée, qui aussi rapidement se disséminaient dans l'univers. Votre vision va désormais au-delà des étoiles visibles, car vous avez saisi la magnificence de la Création et connaissez vos origines galactiques et universelles. Simultanément, votre univers a rétréci et, ainsi, vous êtes désormais au courant des événements survenant partout et en tout temps. L'un de vos principaux systèmes d'information se nomme la Toile [*World Wide Web*]. Aujourd'hui, nous souhaitons vous faire connaître la toile cosmique qui a été disposée et descend tout doucement sur votre galaxie. Ses effets touchent l'ensemble des constellations, des planètes et des êtres vivants, jusqu'à l'infiniment petit.

Nous avons beaucoup parlé de la pyramide de Lumière et des pyramides de pouvoir de la cinquième dimension ; nombre de ceux qui en font un usage assidu constatent les résultats stupéfiants. Voici quelques éclaircissements, pour qu'ainsi vous vous rendiez compte de la valeur de ce don magnifique. Bien avant qu'une importante expérience ne soit conclue, le Créateur primordial émet un schème divin, ou plan, en vue de la Création suivante. S'amorce alors la moisson de sagesse et de créations harmonieuses produites par l'expérience en question, et l'humanité tout entière se voit offrir l'occasion de profiter du don de réunification avec l'Esprit. Ainsi, ceux qui le désirent peuvent passer à la nouvelle toile de Création et éventuellement participer à l'expérience cosmique subséquente. Imaginez la force Dieu diffusant d'une dimension à l'autre l'essence du Soi et les encodages de sa nouvelle Création. Au sein de cette toile de Création réside l'ensemble de la sagesse, des vertus, des attributs, de l'information et des aptitudes dont vous aurez besoin afin de créer tout ce que vous désirez. Les facettes variées de la Création sont ensuite rassemblées et placées dans ce que nous appelons les pyramides de Lumière/pouvoir dispersées dans diverses dimensions supérieures. Nous espérons vous aider à les comprendre et à puiser dans ces pyramides de force vitale cosmique de la cinquième dimension. Il s'agit là du domaine supérieur le plus accessible à l'humanité, pour l'heure. Dans ce lieu, vous pourrez transformer et dégager de vieilles énergies incrustées et commencer à modeler un monde nouveau. À mesure que vos visions prendront forme dans la cinquième dimension, elles se concrétiseront rapidement ou graduellement sur le plan matériel – selon leur complexité et votre capacité à maintenir une parfaite concentration.

Sachez qu'il vous est possible d'accéder aux pyramides de Lumière/pouvoir à votre guise. Construisez une pyramide où vous vous joindrez à ceux qui souhaitent participer ; imaginez que les peuples de la Terre se trouvent au centre de celle-ci et que vous tous les entourez et irradiez de l'amour/Lumière inconditionnel vers eux et en eux. Instaurez une pyramide personnelle qui vous servira de sanctuaire où vous pourrez nous convier, nous des royaumes supérieurs, à vous rejoindre. Rendez-vous-y pour obtenir la guérison, les soins, la sagesse, le soutien ou l'aide requise pour résoudre les problèmes qui surviennent au quotidien. Sollicitez la révélation et la solution la meilleure qui serviront les intérêts de tous les gens concernés, puis remettez la situation entre nos mains. Quand vous accédez à une pyramide aux fins d'un projet ou d'une création spécifique, non seulement attirez-vous la sagesse divine et la dynamique de cette forme-pensée, mais vous hélez aussi ceux qui partagent les mêmes intérêts et ceux des domaines supérieurs qui sont porteurs des rayons ou sous-rayons de création destinés à cette sphère d'expression divine.

Votre coffret de prospérité contenant ces choses que vous aimeriez voir se concrétiser constitue une expression physique de la pyramide de Lumière/pouvoir ; c'est aussi un moyen par lequel nous vous aidons à comprendre que vous avez la capacité d'accéder au grenier cosmique des trésors. Bien sûr, il faudra peut-être un petit peu plus de temps pour arriver à manifester vos visions, mais ne vous découragez pas. En apprenant à demeurer focalisés et à suivre les étapes requises, de petits miracles s'accompliront, qui paveront la voie à des prodiges plus importants et significatifs. Nous n'êtes pas devenus maîtres de la limitation en une nuit ! Il vous faut donc être patients avec vous-mêmes et réapprendre la maîtrise du Soi et les formes positives de la Création.

Bien-aimés, efforcez-vous de passer du temps chaque jour dans votre pyramide. Habituez-vous à la sensation des énergies subtiles en ces lieux où vos fardeaux paraîtront plus légers, où l'espoir renaîtra en votre cœur. Là, vous puiserez le courage et les forces dont vous avez besoin pour surmonter les épreuves et les tests de votre quotidien. Là, vous bénéficierez de l'amour/Lumière inconditionnels de Dieu, à la mesure de votre capacité à les intégrer. Là, vous aiderez ceux qui, autour de vous, cherchent la « voie », en diffusant l'amour et la compréhension vers eux et en les bénissant avec les énergies transformatrices de la Flamme violette. Chères âmes, laissez-nous vos peines et vos soucis dans votre pyramide, et vous découvrirez que le poids de votre existence s'allégera considérablement.

En vous joignant à nous dans les pyramides de Lumière/pouvoir de la cinquième dimension, vous ramenez également ces énergies raffinées de la source au niveau vibratoire de la Terre et de l'humanité. Elles deviennent ainsi accessibles à ceux qui n'ont pas encore la capacité d'accéder à ce degré de pouvoir source. De la sorte, vous apportez de nombreux bienfaits à la Terre et à l'humanité sur plusieurs plans. Vous irradiez de l'amour/Lumière depuis l'intérieur, vous ancrez les énergies de la cinquième dimension sur terre et offrez aux autres un modèle à suivre. Quelle occasion merveilleuse ! Et comme vous êtes bénis d'en être les participants actifs ! Ne doutez jamais de l'importance de votre rôle dans ce plan grandiose. Chacun de vous est indispensable : vous faites tous partie intégrante du processus.

Certains d'entre vous ont réclamé des explications supplémentaires au sujet des outils de création et des énergies des éléments. Vous avez tous pour objectif d'intégrer, d'équilibrer et d'employer les éléments et les rayons de création dans une mesure égale. Nous savons qu'il s'agit d'une tâche ardue, car au fil des siècles les déséquilibres et les énergies discordantes sont devenus la norme. Vous devez tout d'abord identifier ces déséquilibres et, par la suite, vouloir effectuer les changements qui s'imposent pour les rectifier. Votre pyramide de Lumière/pouvoir vous aidera grandement à atteindre cet objectif.

- *Si vous souhaitez accentuer ou faire davantage appel à l'élément feu, vous devez vous concentrer sur le chakra du plexus solaire et les fréquences d'énergie dorée provenant de votre Soi JE SUIS. Visualisez une sphère de Lumière dorée éclatante – elle se met à palpiter et à luire dans votre cœur et s'étend de façon à englober votre plexus solaire et votre gorge. Cette sphère représente votre centre de puissance solaire. Voyez l'énergie rouge du premier rayon de volonté et de pouvoir divin pénétrer le chakra de la couronne et embraser les attributs de ce rayon en vous. Employez-la pour engendrer la force, le pouvoir de la pensée, l'action et les gestes, pour revendiquer et manifester l'abondance, pour affermir votre courage et vous inciter fortement à l'action. Faites aussi appel aux énergies jaunes du troisième rayon afin de raffermir votre volonté, votre persévérance et votre patience. Portez des gemmes rouges, tels le rubis, le grenat ou les sanguines, et des pierres jaunes ou dorées, tels la topaze, l'ambre ou la citrine. Consommez des fruits et des légumes jaunes, et faites de l'exercice pour stimuler le cœur et purifier le sang. Comme toujours, buvez de l'eau pure afin de nettoyer les toxines qui s'accumulent dans le corps tout au long du processus accéléré de transformation. Fixez une flamme dansante ou une bougie et imaginez que les énergies porteuses de vie du feu pénètrent dans les profondeurs de votre être et alimentent vos réserves.*

- *Afin de stimuler et d'accentuer l'élément terre, concentrez-vous sur le chakra racine, au bas de la colonne vertébrale. Même si vous tentez d'atteindre les étoiles, vous devez rester fermement amarrés au véhicule physique et à la Terre. Visualisez qu'une couleur cuivrée émane du sol et imprègne votre chakra racine ; puis, imaginez que les énergies transformatrices des cinq rayons galactiques nuancent d'un violet brillant cette région de votre corps. Ainsi, vous parviendrez à résoudre les difficultés que vous éprouvez en matière de survie et de manque et arriverez à demeurer les pieds sur terre tout en devenant des êtres multidimensionnels ; vous passerez facilement entre les troisième, quatrième et cinquième dimensions. Portez ou employez la tourmaline noire, l'obsidienne, le quartz fumé ou le jaspe rouge. Consommez des tubercules, tels la pomme de terre, la patate sucrée, les oignons, ainsi que de petites quantités de protéines. Il vous appartient de décider s'il est bénéfique ou non pour vous de manger de la viande rouge à ce stade particulier de votre évolution. Marchez pieds nus sur le sol doux, allongez-vous dans l'herbe fraîche la nuit pour contempler les étoiles et accordez délibérément le rythme de votre cœur à celui de la Terre mère.*
- *Afin d'équilibrer et d'harmoniser l'élément eau en vous, concentrez-vous sur le chakra du nombril, situé juste sous ce dernier. Il régit les fonctions d'assimilation de la nourriture, de la procréation et de la sexualité. C'est le siège du « mental sensitif » et des émotions. Visualisez que ce chakra prend une teinte orangée et rosée, et qu'il s'emplit de Lumière. Cette technique vous permettra d'accéder à votre nature émotionnelle supérieure, de vous extirper de l'émotivité de l'ego et de mieux suivre les instigations de votre Soi supérieur. Portez ou faites usage de gemmes tels la cornaline, le corail, la calcite dorée, la tourmaline rose, le quartz rose et l'aventurine pêche. Buvez du jus d'orange ou de pamplemousse et consommez des fruits et des légumes orangés ou jaunes. Si possible, laissez les vagues*

d'eau vous caresser tout doucement et imaginez que cette énergie curative emporte vos soucis et vous renforce de ses énergies positives puissantes ; sinon, ajoutez à votre bain des sels apaisants ou des minéraux.

- *Le quatrième élément, l'air, est ici assimilé à l'élément éther (ou espace), mais normalement ces deux éléments sont distincts. Ils se situent dans les chakras du cœur et de la gorge. Le chakra du cœur contient la force vitale émanant du Soi supérieur, et celui de la gorge régit les énergies de la vibration par la parole, le son et la communication. Visualisez que le vert du chakra du cœur tourne au rose violacé pâle et que la région du thymus rayonne d'un magnifique turquoise qui englobe la gorge et devient une partie de votre centre de pouvoir. Pour activer le chakra de la gorge, portez des turquoises, de la chrysocolle, de la topaze bleue, de la sodalite, du lapis-lazuli et de l'aigue-marine. Pour le chakra du cœur, portez de l'émeraude, de la tourmaline verte ou rose, de la malachite, du jade vert, de l'aventurine verte ou du spodumène. Consommez des légumes et des fruits bleus ou mauves, et pour le chakra du cœur, des fruits et légumes verts. Exposez-vous délibérément aux vents et ressentez les marées de leurs énergies. Sentez-les qui apaisent, rafraîchissent et soulagent votre corps, et laissez ces effets calmants toucher les systèmes internes de l'organisme et du mental.*

Les contraintes d'espace nous empêchent ici de récapituler toutes les leçons et techniques que nous vous avons déjà données dans le but d'harmoniser et d'équilibrer les énergies des « centres mentaux », ou chakras du corps. Néanmoins, si vous désirez sérieusement engendrer l'harmonie au sein de votre réalité interne – équilibre qui s'exprimera bientôt dans votre vie extérieure –, vous n'avez qu'à consulter les messages que nous vous avons transmis dans le passé.

Dégager les vieux schémas énergétiques en vous libère l'espace pour une couche aurique fraîche, le don de votre toile cosmique personnelle, un filtre qui vous donnera la possibilité de percevoir autrement votre réalité, car vous façonnez votre version du paradis sur terre. Vous élaborez votre corps de Lumière, bien-aimés, accentuant et secondant ainsi le même processus pour la Terre et les autres. Joignez-vous à nous dans votre pyramide de Lumière/pouvoir et acceptez notre main tendue afin de franchir cette étape avec facilité, en toute grâce et dans la joie. Que le rayonnement de notre Dieu père/mère déferle sur vous et vous emplisse d'une Lumière de vie éternelle. Sachez que nous sommes toujours à vos côtés pour vous guider et vous protéger.

JE SUIS l'archange Michaël.

23

Un regard au-delà de demain

Maîtres bien-aimés, les expressions multidimensionnelles du changement tourbillonnent autour de vous, le temps se compresse et s'étend à un rythme sans cesse accéléré, et il vous faut apprendre à « suivre le courant » afin de parvenir à vivre dans un état d'aisance et de grâce. Comme vous l'avez tous expérimenté à divers degrés, la vie sur terre s'est radicalement transformée depuis les cinquante dernières années. Ce qui constituait la norme dans un environnement tridimensionnel ne s'applique plus désormais, puisque vous pénétrez les multiniveaux de la Lumière du Créateur. Nous aborderons quelques-unes des questions de l'heure afin que vous compreniez mieux comment la conscience collective naissante se compare aux croyances de l'ancienne conscience collective, croyances qui ont prévalu au cours des dix mille dernières années.

Votre rapport à vous-même

Autrefois, votre corps d'ego-désir surtout régissait votre quotidien, votre âme étant la petite voix intérieure que vous choisissiez d'ignorer la plupart du temps. Traditions, croyances religieuses et obligations vous étaient inculquées en bas âge, et l'on vous enseignait la croyance selon laquelle l'opinion des autres à votre sujet était plus importante que la vôtre. Dès lors, vous cherchiez invariablement à l'extérieur de vous la confirmation de votre valeur. Vous étiez constamment à la recherche de quelqu'un, de quelque chose ou d'un événement quelconque susceptible de vous procurer le bonheur ; celui-ci persistait pourtant à vous fuir et vous étiez plus souvent en proie au désappointement. Au bout du compte, vous finissiez par chercher au-delà de vous-même afin d'obtenir une appréciation personnelle.

Vous avez cependant appris à vous tourner vers l'intérieur pour trouver la validation, l'inspiration, la guidance, car vous avez vécu ce que l'on appelle souvent une fusion de l'âme et savez vous relier aux multiples facettes de votre être. Vous intégrez de plus grandes quantités de conscience cosmique pure, ce qui vous permet d'évacuer les concepts désuets sans culpabilité, car vous assimilez les nouvelles vérités qui viennent à vous à un rythme ahurissant. Vous avez maintenant conscience que Dieu n'habite pas un royaume céleste inaccessible et distant, qu'il n'est pas là à tirer les ficelles et à asséner punitions et récompenses.

Vous acceptez le fait qu'en vous se trouve TOUT ce dont vous avez besoin. C'est en effet une partie de votre droit de naissance divin que de mener une existence aimante, joyeuse, paisible et prospère. Les vieilles coutumes et habitudes perdent leur emprise sur vous puisque vous recherchez la liberté d'expression et créez de nouvelles manières de célébrer les anniversaires, le passage du temps et l'hommage à notre Dieu père/mère et au Créateur. Rendre un culte ne se limite pas à un jour, car vous vivez votre spiritualité à tout instant. En surveillant vos pensées et vos actions, vous vivez quotidiennement en tant que maître. Vous savez que vos intentions se doivent d'être pures, car vous êtes responsable de chaque infime atome d'énergie que vous émettez. Vous exercez le discernement et examinez sans cesse les idées que vous laissez s'introduire dans votre être, car vous reconnaissez que les vérités ainsi adoptées constituent les principes auxquels il faudra vous conformer. Vous savez qu'il faut toujours effectuer les choix les plus nobles, et en parcourant la voie intermédiaire dans la paix et l'harmonie, vous passez au-delà des lois du karma, à un état de grâce.

Votre rapport à autrui

Vous apprenez qu'en acquérant de l'amour-propre et le sentiment de valeur personnelle rattaché à celui-ci, vous attirez davantage de l'amour/Lumière du Créateur ; c'est là une source inépuisable de subsistance spirituelle. En vous emplissant à ras bord, cet élixir magique émane de vous en un cercle lumineux s'étendant à l'infini. Vous recherchez alors des relations qui vous apportent une satisfaction sur tous les plans – physique, émotionnel, mental et spirituel. Les liaisons de l'avenir ne comporteront pas d'élément d'abnégation ; elles s'appuieront sur une confiance fondamentale. Vous soutiendrez la pleine expression des intérêts, des talents individuels et de la vérité personnelle. Dans le couple, les atouts de l'un complémenteront ceux de l'autre et, avec tolérance et patience, les partenaires s'entraideront afin de remédier à leurs faiblesses et à leurs craintes. Il est important de partager une vision commune avec les gens auxquels vous êtes lié étroitement ; aucun jeu de pouvoir ou de contrôle ne sera toléré. Désormais, vous identifiez sans hésitation les membres de votre famille spirituelle et ceux avec qui vous partagez un lien cosmique profond ; vos rapports humains vous apporteront plus de réconfort et de joie que vous n'auriez jamais pu l'imaginer. Vous n'établirez plus de relations basées sur le besoin ; au seuil de ce nouvel âge passionnant, elles se fonderont plutôt sur un désir de cheminer ensemble et de partager vos connaissances.

Un nouveau système économique où la prospérité a plusieurs visages

La redistribution des ressources planétaires est en cours. Sachez qu'un nombre croissant de corporations et d'organisations seront discréditées et oubliées. Tout ce qui est établi sur la peur, l'avidité et la domination de l'autre s'effondre. Autrefois, il fallait plusieurs existences avant qu'un tort ne soit redressé, et il était impossible de savoir quand et comment justice serait rendue. Aujourd'hui, ceux qui sont captifs de l'illusion de cause à effet subissent les conséquences de leurs mauvaises actions presque instantanément, comme un boomerang. Ceux qui sont animés de visées égoïstes et qui abusent de la confiance et des pouvoirs accordés ne seront plus en mesure de dissimuler leurs méfaits. Qu'il s'agisse d'organisations religieuses, de corporations, d'entreprises ou de gouvernements, tous devront bientôt rendre des comptes. À mesure que la Terre incorpore davantage des fréquences vibratoires supérieures de l'Esprit, la Lumière transperce les ténèbres les plus opaques. Le mental et l'Esprit sont les architectes, et vous êtes les cocréateurs du nouveau paradis ici-bas. Tout ce dont vous aurez jamais besoin sera fourni, mais il faut vite vous accrocher à votre vision du bien suprême de tous, puis oser accéder au réservoir cosmique de pure substance lumineuse non manifestée et le façonner à l'image de votre utopie. Bien-aimés, tissez une foule de relations aimantes et joyeuses, recherchez la santé, une vitalité juvénile et la créativité, car vous savez que votre bonheur et votre satisfaction ne reposent pas uniquement sur des « choses », mais aussi sur une condition de l'être et une qualité de vie.

Bouleversements climatiques et transformation de l'humanité

La Terre est au beau milieu d'un processus de nettoyage. Il s'agit d'une catharsis par laquelle les sols cultivés à outrance et imprégnés du douloureux souvenir de guerres et de violences où les hommes ont souffert de siècles d'atrocités semblent être l'objet d'inondations, d'incendies, de séismes et de cyclones destructeurs. Mais il n'en est pas ainsi, chères âmes, car ces phénomènes sont simplement indispensables à la purification de l'air, au nettoyage des terrains, à l'assainissement des eaux que la race humaine a aveuglément contaminés. Dans un futur proche, nombre de gens qui luttent pour leur survie dans ce que vous appelez le tiers-monde choisiront de quitter la planète ; nous vous demandons de percevoir le processus de transition sous un autre jour. Ne pouvez-vous pas concevoir qu'ils abandonnent de leur plein gré une existence de souffrance sans espoir aucun pour franchir le seuil d'un univers d'amour, de paix, de joie et d'abondance où ils se prépareront à revenir à une incarnation terrestre plus édifiante ? En effet, le monde vil de la troisième dimension n'existera plus lorsqu'ils décideront de revenir. Ce sera plutôt un univers où ils auront l'occasion d'apprendre, de s'épanouir en conscience et d'évoluer rapidement au fil de leurs leçons. Voilà ce que vous leur préparez en tant qu'éclaireurs.

Bientôt, nulle âme ne renaîtra plus dans ce foutoir de tourments et d'illusions qui prévaut encore dans plusieurs régions du monde.

Plusieurs d'entre vous sont incités à s'installer ailleurs ; ils en ignorent la raison, mais éprouvent un désir puissant de s'aventurer en territoire inconnu. On les appelle là où, sur cette planète, ils serviront le mieux. Les âmes douées de vibrations et de missions similaires seront poussées à se joindre à eux. L'époque se prête au travail d'équipe ou aux retrouvailles avec votre famille spirituelle et avec vos compagnons de mission. Vous devenez plus intuitifs, car vous accédez de plus en plus à la pensée inspirée provenant de la sphère de toutes les possibilités. Votre nature instinctive du passé se raffine et se joint au Soi doué de facettes multiples qui apparaîtra dans l'avenir.

Vos besoins et vos désirs s'altéreront à mesure que vous absorberez la Lumière dans votre véhicule physique. Les maladies et virus potentiellement fatals parviendront difficilement à toucher votre corps de Lumière en évolution, qui sera plus résistant. Pendant quelque temps encore, la forme physique ne présentera pas de changements perceptibles, mais les modifications internes et éthériques s'effectuent très rapidement. Les membranes de Lumière entourant votre ADN se dissolvent graduellement et vous accédez ainsi à la sagesse conservée dans votre structure cérébrale ; par le fait même, votre véhicule physique se renforcera. Il y aura des découvertes et l'avènement de nouvelles méthodes dans le domaine de la santé ; les produits naturels et les herbes médicinales se substitueront à la plupart des médicaments chimiques responsables de tant d'effets secondaires néfastes. Plusieurs d'entre vous constatent déjà que le corps ne supportera plus nombre des substances prescrites généralement et dont les conglomérats pharmaceutiques, exclusivement intéressés au profit, font l'éloge. On mettra en valeur la prévention, les approches holistiques, la forme physique et le bien-être, de même que les thérapeutiques naturelles et l'effet de la pensée positive sur l'état de santé. Vous ne négligerez plus les signaux que vous envoie l'élémental de votre corps en vue de capter votre attention. La douleur est l'un des moyens par lesquels votre organisme vous indique que quelque chose ne va pas. Autrefois, vous avaliez des analgésiques pour masquer les symptômes, jusqu'à ce qu'il soit trop tard et que des mesures radicales s'imposent pour rectifier la situation. En vous mettant à l'écoute des nombreux niveaux de perception au sein de votre corps et à l'extérieur, vous apprenez à prêter attention aux avertissements que vous recevez et à procéder rapidement aux ajustements nécessaires afin de souffrir le moins possible. Ce faisant, vous retrouvez vite l'harmonie et un sentiment de bien-être.

En définitive, vous en viendrez aussi à accepter le caractère unique de votre structure corporelle, de vos attributs, de vos talents et de votre manière de vous exprimer et de créer. Le choix de vos parents et de la configuration génétique de votre lignée ancestrale repose sur une raison précise. Votre caractère unique vous rend tout à fait spécial ; personne sur terre ne vous ressemble trait pour trait – même les jumeaux identiques se distinguent l'un de l'autre. L'un des écueils contre lesquels vous buterez au cours des années à venir consistera à vous accepter tel que vous êtes et à comprendre que vous êtes tous magnifiques et doués d'une valeur inestimable, peu importe le vêtement de chair que vous aurez endossé en vue de vivre cette incarnation importante parmi toutes. Ce sont vos âmes lumineuses et vos cœurs chaleureux que nous voyons rayonner, bien-aimés ; nous ne prêtons aucune attention au déguisement de chair que vous portez.

Recouvrer le meilleur du passé en construisant l'avenir

Au cours des dernières années, nous nous sommes efforcés de vous aider à vous souvenir de votre illustre passé et à accepter le fait que vous ayez en vous tout ce qui est requis pour façonner un monde nouveau. Nous ne référions pas seulement à vos vies antérieures ici-bas, puisque nous tentions aussi de vous révéler votre magnificence. Reconnaissez que vous avez laissé la plus vaste part de votre être dans les royaumes supérieurs et que le moment est venu de recouvrer ces multiples facettes de l'expression de Dieu qui composent l'ensemble de votre identité véritable. Nous vous l'avons affirmé, cet univers présente une infinie diversité et, comme partie de votre formation, vous avez vécu de nombreuses aventures formidables dans des lieux spécifiques et fort complexes. Vous comprenez désormais pourquoi la Terre est si importante : c'est ici-bas que se rassemble l'entière diversité de cet univers. Vous vous êtes tous follement amusés à jouer le jeu de la dualité et de la polarité ; vous avez accumulé d'immenses fortunes et puis souffert d'une indigence abjecte, alors qu'en d'autres existences vous étiez doués de talents magnifiques, vous avez accompli des actes de bravoure ou, encore, vous étiez des simples d'esprit ayant une perception restreinte. Vous avez connu toutes les situations concevables, depuis la plus vile à la plus noble. Le moment est venu de franchir le voile de l'illusion et de retrouver votre nature divine. En entrant plus en profondeur dans la conscience de Dieu et en accédant aux dimensions supérieures de la Création, vous commencez à montrer vos « muscles spirituels », vous étonnant de la rapidité avec laquelle vous parvenez alors à concrétiser ce que vous imaginez. Les petits miracles grandissent et se compliquent puisque vous y excellez ; nous vous assurons que ce n'est rien en comparaison de ce que l'avenir vous réserve.

Comment voyez-vous l'avenir ?

La manière dont vous vivrez les années de grands bouleversements qui se préparent vous appartient. Vous pouvez passer à une conscience supérieure et adopter la perspective d'un maître, sachant que tout se déroule comme il était prévu. Vous reconnaîtrez qu'en dépit de l'état déplorable de la situation mondiale, la Lumière du Créateur brille et pénètre les ténèbres les plus opaques, les coins cachés de la Terre et le cœur des hommes. La plupart des humains ne souhaitent que mener une existence paisible, confortable et prospère ; ils veulent exprimer à leur manière leur nature divine, consentant ce même droit aux autres. Même s'il ne semble pas en être ainsi, ceux qui cherchent à dominer, à conquérir et à contrôler ne forment qu'une minorité et leur mainmise sur la société et les peuples diminue de jour en jour. Plus vous passerez à l'état de maître et revendiquerez votre droit de naissance divin, plus ils s'affaibliront et perdront de leur efficacité.

Pendant quelque temps, les affrontements persisteront et des rumeurs de guerre courront un peu partout. Mais ceux qui défendent l'obscurité avec l'intention de détruire ce qui est juste et lumineux, échoueront. La Terre a déjà connu l'apocalypse, bien-aimés, et le pire est derrière vous. Dorénavant, tout acte de violence ou de destruction se heurtera à l'opposition des forces célestes, car vous, guerriers de la paix armés de Lumière, de compassion et de pardon, remporterez la victoire !

Chaque instant, vous modelez l'avenir grâce à vos pensées et à vos actions ; il vous revient donc de vous concentrer sur le bien dans le monde plutôt que sur ses travers. Exercez-vous à voir le bien chez ceux qui vous entourent et offrez-leur, quand c'est possible, des paroles d'encouragement et un soutien affectueux. Vous seuls conduirez la race humaine vers le resplendissant monde de demain. Vous avez essuyé les plus sauvages tempêtes et traversé maintes nuits obscures de l'âme – vous en êtes invariablement sortis vainqueurs. Ne vous découragez pas, ne perdez pas espoir si près de la fin, mes amis intrépides. Dites : « Que ta volonté soit faite pour le bien suprême de tous. » Vous nous autorisez ainsi à intercéder en votre nom et à vous prêter main-forte au cours de cette époque tumultueuse de transformation.

Nous vous transmettons l'amour de notre Dieu père/mère et une infusion raréfiée de Lumière du cœur du Créateur suprême. Vous êtes aimés, chéris, infiniment.

JE SUIS l'archange Michaël.

24

Que votre amour/lumière brille Éclairez notre monde

Mythes, miracles et phénomènes magiques

Maîtres bien-aimés, partout dans cet univers des choses extraordinaires ont lieu. Plusieurs d'entre vous savent désormais que leur galaxie et notamment leur petite planète représentent le point focal de ces événements extraordinaires. Avant la naissance de votre sphère d'existence, il fut décrété que celle-ci deviendrait le point zéro, ou centre, d'un projet novateur voulant que le royaume angélique, les dieux cocréateurs, les grands êtres de Lumière et les semences d'étoiles en provenance de l'omnivers tout entier envoient leurs émissaires à la Terre pour y apporter leur Lumière, leur sagesse et leur souhait de réaliser le plan grandiose du Créateur.

La race humaine et l'âme de cette planète tendent vers l'au-delà afin de se connecter au Dieu père/mère, et le suprême Créateur ouvre la voie depuis le noyau de son être jusqu'aux multiunivers, aux grands soleils centraux, aux dimensions et aux royaumes sans fin dans le but de moissonner et d'incorporer la magnificence de ce qui a été généré par nous tous au nom de notre Créateur omnipotent. N'en doutez pas, vous vivez une époque rarissime, sans précédent. Des êtres nobles qui n'avaient jamais auparavant quitté leur résidence dans le Grand Soleil Central de leur univers ont consenti à se fragmenter en des étincelles moindres de Lumière divine afin d'apporter leur radiance, leur amour et leur sagesse à la Terre. Le bien-aimé Jésus, les grands Kumaras, dont le Bouddha, le seigneur Melchizédek, Rama et Krishna, pour n'en citer que quelques-uns, provenaient d'univers qui avaient vu le jour longtemps avant la naissance de ce jeune univers. Tout comme de nombreux maîtres ascensionnés et avatars que vous connaissez bien, nous, du royaume angélique, provenons des confins de l'omnivers, et nous vous assurons que plusieurs d'entre vous ont vu naître leur conscience individualisée dans d'autres univers.

Les événements survenant à l'heure actuelle étaient prévus par le plan divin, et les préparatifs furent conçus il y a fort longtemps. Quant à ces grands êtres ils vinrent afin de préparer la race humaine aux multiples cycles d'éveil collectif et d'ascension vers les royaumes illuminés. Au sein du noyau de son être, la Terre fut encodée de fréquences vibratoires, de clefs et de divers codes qui activeraient son propre éveil et, par le fait même, accéléreraient celui de l'humanité.

Nous n'aimons pas particulièrement attirer l'attention sur nous-mêmes, puisque notre plus grande joie et notre mission consistent à servir le Créateur et ceux qui sont placés sous notre égide, et n'avons nul besoin ou désir de reconnaissance. C'est néanmoins chose indispensable pour que vous puissiez bien saisir notre mission ici-bas et la profondeur du lien éternel entre nous.

Le bien-aimé Jésus est venu sur terre il y a environ deux mille ans en compagnie de l'archange Uriel ; tous deux y ancrèrent les vertus, les aspects et les qualités du sixième rayon de dévotion, de pardon, de clémence, de grâce, de subsistance spirituelle et de foi en Dieu. La féerique dame Marie, l'archange féminin du cinquième rayon qui, avec l'archange Raphaël, diffusa les qualités de l'abnégation, du désintéressement, du dévouement et de la guérison, eut l'honneur de mettre au monde l'être christique que l'on nomme Jésus. Marie avait cependant été choisie en vue d'une tâche encore plus importante au service du Créateur et de l'humanité. Elle apporta à cette planète, pour les y ancrer, les vertus de la déesse dans la plus considérable mesure possible afin de rétablir l'équilibre des aspects masculins et féminins du Créateur.

Plusieurs d'entre vous connaissent ce que l'on appelle les lignes de Michaël et de Marie, en Angleterre. On retrouve des lignes telluriques sillonnant la Grande-Bretagne, l'Allemagne, la France et d'autres régions d'Europe et du monde moins bien connues. Nous aimerions vous offrir une explication du « plan grandiose » et de certains mythes et miracles appartenant à l'histoire humaine. Il y a des milliers d'années, selon votre calendrier terrestre, dame Marie, représentant les courants électromagnétiques cristallins négatifs, ou féminins, et moi-même, Michaël, rayonnant des courants électromagnétiques positifs, ou masculins, avons tenté d'infuser dans les lignes telluriques de la Terre les courants requis pour reconstruire le système de grilles éthériques dorées, équilibrées et harmonieuses. Nous installâmes en quelques points partout sur terre des faisceaux de pouvoir, ou vortex. Les sites sacrés, les formations naturelles qui devinrent des lieux de vénération, de même que les cathédrales et les temples, ont tous été construits le long de ces lignes telluriques et de ces points de pouvoir. Au fil de vos incarnations ici-bas, vous avez été attirés encore et encore en ces lieux où vous trouviez une subsistance spirituelle, mais il s'y est passé beaucoup plus de choses que vous ne le soupçonnez. Chacun de vous, par sa présence physique ou lors de séjours nocturnes dans les plans éthériques, a reçu de l'énergie harmonieuse et des encodages provenant de ces lieux magnétisés. Mais tous, vous avez également contribué à activer et à diffuser ces courants de Lumière de par le monde. Vous avez servi d'émetteurs et de récepteurs de la Lumière de Dieu depuis la Terre et en deçà de celle-ci, et depuis les cieux. L'âme de la Terre et la conscience de l'âme globale de l'humanité s'accordent de nouveau l'une avec l'autre.

On m'a nommé superviseur de la race humaine, mais vous devez maintenant comprendre que dame Marie, quant à elle, représente l'aspect féminin de la déesse censée surveiller le séjour de l'humanité et sa descente partout dans cet univers. Au fil d'éons, ce fut pour nous un grand honneur, un privilège d'être à vos côtés, de vous guider, de veiller sur vous et d'orienter chacun de vos pas tout au long de votre mission visant à cocréer des univers et des prodiges sans fin.

De même que le souvenir de l'essence du Créateur, celui de notre rencontre et de la protection que nous vous avons offerte grâce à notre essence individualisée et à notre amour fut enfoui très profondément en votre âme et en votre mémoire. Ainsi, même si vous l'avez oublié consciemment, le souvenir de votre Soi-âme n'a cependant jamais pu s'effacer.

Le roi Arthur, la Dame du lac, Jeanne d'Arc et de nombreux personnages légendaires portaient en eux une quantité extraordinaire de l'essence de dame Marie et de la mienne – ils avaient pour but de l'infuser dans la conscience de cette planète et dans le cœur des hommes. Voilà pourquoi ces légendes ne se démodent jamais et demeurent chères à nos cœurs. Elles évoquent une époque où nous étions ensemble dans les royaumes supérieurs, avant que ne débute votre mission dans les plans de la densité. Vous vous rappelez de notre connexion étroite, de son caractère sacré ; nous nous retrouvons par l'esprit et par le cœur – une occasion de réjouissances pour nous tous.

Afin que vous compreniez mieux les événements survenus sur terre et la perfection du plan du Créateur, remontons le cours de l'histoire jusqu'à il y a environ 5 000 ans avant Jésus-Christ selon votre calendrier, soit l'époque où « l'avatar Rama » vint. L'être christique qui prit forme humaine et se nomma Rama, apportant les attributs, vertus et qualités du Créateur en cette ère, était éclairé par mon essence, porteuse du premier rayon de volonté divine. Plusieurs d'entre vous appartiennent à ma lignée et portent l'essence des anges en leur ADN et leur âme. Rama, par contre, fut responsable de l'infusion la plus importante de mon essence jamais produite sur cette sphère – ceci afin de poser les fondations pour l'avenir, celui qui se réalise aujourd'hui. L'amour du Créateur a toujours été l'élément étayant chacun des avatars, qui apportèrent néanmoins des enseignements différents propres à l'époque et au degré d'évolution de l'humanité d'alors.

Après Rama vint Krishna, puis Siddharta Gautama le Bouddha, ainsi que de nombreux autres avatars. L'archange Marie, en tant que détentrice de l'énergie de la déesse, de l'aspect féminin du Créateur, joua un rôle important parmi ces avatars. L'épouse de Rama, Sita, était éclairée de l'essence de Marie. Dans la vie de Krishna, elle fut représentée par un ami spirituel et compagnon exempt de désir physique. Naturellement, le rôle le mieux connu de Marie fut celui de mère et mentor de Jésus. Depuis des millénaires, elle reste à l'arrière-plan, mais son amour immense et son dévouement envers le Créateur et la race humaine ont toujours constitué une force majeure en ce monde et dans les domaines supérieurs.

Plusieurs autres êtres de Lumière sont venus ici-bas au cours des âges : Laozi, Confucius, Abraham, Moïse et

Mahomet, pour n'en citer que quelques-uns. La bien-aimée Kuan Yin, éclairée de l'essence de Marie, apporta la compassion, la justice et la guérison. Vous connaissez déjà, certainement, ces personnages d'envergure. Sinon, il faut vous familiariser avec eux, car ils illustrent des aspects spécifiques, des vertus du Créateur et ont joué des rôles importants en ce monde en tant que délégués du Créateur.

Le rôle intégral que le royaume angélique a joué dans ce scénario cosmique de la descente dans les mondes de la forme matérielle reste encore mal compris. Au fil des âges, chaque archange a contribué de manière prépondérante à ancrer et à rayonner des aspects, attributs, qualités et vertus spécifiques du Créateur. Ils étaient tous en phase avec les avatars et communiquaient avec eux éclairant leur précieuse essence de leur propre rayonnement et de leurs vertus. Ces avatars constituaient la représentation humaine, physique du Créateur pour une période spécifique dans le temps, et les archanges étant leur connexion au Dieu père/mère.

L'histoire humaine n'a jamais connu une époque aussi unique que celle d'aujourd'hui. Et même si de merveilleux avatars et maîtres ascensionnés sont présents ici-bas, il n'y aura pas qu'un seul grand avatar envoyé pour éclairer, guider et inspirer. Chacun de vous est doué de ce potentiel pour ces époques glorieuses que nous réserve l'avenir. Nous vous avons fait une promesse en or selon laquelle, peu importe la quantité de Lumière christique ou d'essence du Soi divin dont vous étiez nantis à la naissance, vous avez tous le potentiel de manifester la magnificence de votre rayon divin et de votre présence JE SUIS. Voilà la raison première de l'ascension : retrouver l'équilibre et l'harmonie au sein de vos corps physique, mental, émotionnel et éthérique afin que l'Esprit y descende et reprenne ses droits. Il ne faut pas oublier cependant que vous devez vous servir de ce que vous attirez pour le plus grand bien de tous. Et alors, vous recevrez encore davantage.

Bien-aimés, mon flamboyant glaive de Lumière fut façonné par la pensée et l'énergie de mon être le plus intime et infusé des puissances dynamiques du premier rayon de volonté divine. C'est le glaive de la rédemption, de l'espoir, de la liberté, et je vous l'offre afin de trancher les chaînes de vos propres créations mal avisées et de vous dégager des liens illusoires des troisième et quatrième dimensions. Ce glaive fait appel au prodigieux pouvoir du premier rayon de volonté, de puissance divine et de force vitale non manifestée pour créer à nouveau en harmonie avec la volonté du Créateur. Il réclame votre droit divin en tant que cocréateurs auprès de notre Dieu père/mère.

Le calice que nous vous offrons en cette époque de bouleversements déborde de l'élixir d'amour/Lumière, des douze flammes de notre Dieu père/mère. Il contient le feu cosmique de la création nouvelle qui servira à mouler la prochaine galaxie dorée et à étendre cet univers dans le vide intersidéral. Buvez jusqu'à la lie, mes bien-aimés et loyaux amis, car vous êtes les semences d'étoiles de l'avenir. Nous vous entourons et vous enveloppons de notre champ aurique d'affection et de protection.

JE SUIS l'archange Michaël.

****

Le message de ce mois-ci faisait également suite à une requête de Drunvalo Melchizedek et de Susan demandant à Michaël d'expliquer l'expérience d'un archange.

Sous la forme de questions et réponses, voici ce que notre bien-aimé Michaël a bien voulu partager.

– En quoi les archanges diffèrent-ils de nous sur le plan de la conscience ?

Maîtres bien-aimés, nous sommes tout ce que vous êtes, et bien plus encore. Nous sommes constamment à l'écoute du mental de Dieu et notre volonté s'accorde parfaitement à celle du Créateur. Voilà où réside la principale différence entre les royaumes angéliques et celui des hommes : *nous donnons l'exemple de l'amour inconditionnel et nous abreuvons à l'énergie bienveillante et tendre que vous nous transmettez.* Nous sommes animés du désir ardent de servir l'humanité et chacun de vous sur la voie vers l'illumination.

– À quoi ressemble l'expérience d'un archange ?

Nous sommes doués de la capacité de créer instantanément une foule de choses prodigieuses. Néanmoins, nous savons que le fait d'être cocréateurs aux côtés du Créateur exige d'employer nos dons et nos facultés pour le bien suprême de tous et en accord avec le schème divin. Nous éprouvons une intense compassion à l'endroit de l'humanité qui se voit affligée d'épreuves et de tribulations, mais nous ne sommes en mesure d'intervenir que dans le contexte des lois universelles et lorsque vous alignez votre volonté sur celle du Créateur. Nous avons des personnalités différentes, des préférences personnelles et faisons les choses à notre manière. De types androgyne, nous affichons souvent les qualités et les traits d'un sexe ou de l'autre. Nous sommes capables de focaliser notre conscience sur des milliers d'entre vous simultanément et entendons vos prières et vos requêtes. Nous percevons les événements depuis une perspective supérieure et savons que tout sera élevé et ramené à son état originel de perfection. Tel que tout était au commencement, ainsi il en sera à la fin.

– *Comment les anges perçoivent-ils les êtres humains ?*

Nous voyons votre radiance – ou son absence – et distinguons les structures vibratoires que vous émettez, positifs et négatifs. Notre connexion avec vous et nos échanges s'intensifieront à mesure que vos champs auriques s'harmoniseront, que vous retrouverez l'équilibre et que vous cesserez de projeter des énergies discordantes. Notre amour pour vous est inconditionnel et éternel.

– *Quel est le rapport de l'humanité avec le royaume angélique ?*

Nous, des domaines angéliques, jouons le rôle d'équipe de transition, si l'on veut. Nous servons de messagers au nom du Créateur et, durant les époques transitoires importantes, d'avant-garde envoyée dans le but de transmettre les pensées du mental de Dieu sous une forme facile à comprendre et acceptable pour toutes les races, les religions et les cultures. Nous avons toujours entretenu une relation étroite avec l'humanité, qui était cependant plongée dans une somnolence et incapable d'accéder vraiment à nos fréquences raréfiées. Nous vous avons toujours prêté main-forte, vous protégeant autant que possible sans toutefois enfreindre les lois du libre arbitre. Par contre, en raison de la densité de votre planète et de vos champs auriques, vous n'aviez que difficilement conscience de notre présence. Bien-aimés, invoquez-nous : nous répondrons et vous aiderons. Mais maintenez aussi votre relation avec tout avatar, être christique ou maître ascensionné qui vous inspire et avec lequel vous êtes en résonance. Efforcez-vous d'approfondir cette relation. Nous savons que vous avez un rôle crucial à jouer dans ce vaste schème. Nous œuvrons toujours en harmonie et en synchronicité les uns avec les autres, tout comme nous tentons de vous apprendre à le faire.

25

Créer votre sphère de Lumière

Maîtres bien-aimés, chaque instant vous fabriquez la réalité qui formera votre expérience dans les années à venir. Votre degré de maîtrise et votre aptitude à manifester concrètement s'accroissent de façon exponentielle, peu importe ce que vous en pensez. Si vous accordez foi aux démons, aux ténèbres, au manque, à la souffrance et aux cataclysmes ou si vous diffusez la peur, la haine ou toute nuance de ces émotions, ce sera la réalité que vous attirerez et que vous fabriquerez autour de vous, aussi sûrement que les battements de votre cœur se succèdent inexorablement. Par contre, si vous ouvrez votre cœur à la radiance transformatrice qui déferle sur terre et sur la race humaine, en permettant, progressivement ou rapidement, aux vibrations d'amour/Lumière de s'immiscer en votre mental, d'imprégner vos sentiments et votre réceptacle physique, alors vous rendez possibles les miracles qui vous reviennent : la joie, l'amour, la santé et la prospérité qui constituent vos droits de naissance divins. Vous seuls produisez le paradis terrestre ou l'enfer ici-bas.

Faites une pause, chers amis, et observez autour de vous ceux dont la vie déborde de bénédictions en tous genres.

Comme si, pour eux, la voie était miraculeusement dégagée quoi qu'ils fassent, et qu'ils finissaient toujours par sortir vainqueurs des épreuves et des défis se présentant à eux. Ils s'efforcent sans cesse de profiter de chaque situation et, à leur rythme, s'élèvent constamment sur la voie de l'ascension vers les dimensions supérieures.

Le monde tel que vous le connaissiez se transforme. L'humanité, la Terre et toutes les créatures qui la peuplent, dont les règnes minéral, végétal et animal, sont en pleine évolution. Un déchaînement de force vitale primaire se propage dans la galaxie, le système solaire et sur votre sphère ; cette force vitale provient de notre Dieu père/mère et du Grand Soleil Central. De magnifiques êtres de Lumière issus de l'omnivers s'incarnent désormais afin d'offrir un exemple des attributs, des vertus et des qualités du Créateur qui sont à la disposition de l'être humain. Les âmes intrépides disposées à accepter les dons qui leur sont présentés réalisent concrètement et sans attendre le schème divin pour l'ère actuelle. Peu importe la difficulté de l'entreprise, les obstacles qui les entravent, ils vont courageusement de l'avant et peu à peu notre monde s'en porte mieux. Ces pionniers spirituels laissent une trace indélébile dans les pages de l'histoire mondiale ; leurs vaillants exploits et leurs réalisations sont également inscrits dans les annales cosmiques.

Après une évolution dans la conscience de l'humanité et une amélioration des circonstances dans le monde, suit invariablement une période de stabilisation, un moment d'assimilation et d'intégration. Ce sont les marées du processus évolutif. Les cycles de l'évolution coïncident avec ceux de la nature : le printemps, époque d'éveil et d'expansion, le moment de bourgeonner et de revivre ; l'été, le temps d'épanouir et d'employer ce qui est à l'intérieur, l'époque où l'on tend vers les cieux, où l'on goûte l'éclat du soleil, une expansion maximale vers l'extérieur ; l'automne, le moment de moissonner et de laisser derrière ce qui est devenu superflu afin de faire place à la croissance subséquente, l'époque propice à un regard vers l'intérieur, une intégration profonde afin d'acquérir les forces et les ressources requises pour le cycle ultérieur ; l'hiver, saison de sommeil, où le statu quo est préservé, et plus souvent, temps de déclin ou de dégradation. Les germes d'une croissance nouvelle et de la métamorphose sont inscrits dans chaque âme et chaque être vivant de l'omnivers, et c'est l'amour/Lumière du Créateur qui allume cette flamme d'expansion et d'évolution.

Depuis des millénaires, cet univers est en proie à un sommeil hivernal ; la stagnation et la dégradation sévissent. Le printemps d'une vie nouvelle approche et les vibrations de Création fraîche rayonnent dans chaque quadrant de l'univers, mais nulle part avec autant de puissance ou de façon si marquée que sur votre planète.

Nous l'avons affirmé déjà, votre petite géosphère a été désignée pour jouer un rôle majeur dans ce scénario cosmique. La prodigieuse diversité que l'on retrouve partout dans l'univers est représentée sur terre dans sa totalité. Et lorsque vous avez endossé vos manteaux de chair afin de réaliser le plan du Créateur, vous, au même titre que les autres âmes intrépides en ce bas monde, avez consenti à réfracter ou à diminuer votre Lumière pour apporter ici-bas votre compassion, votre savoir, vos vertus et vos talents en descendant au travers des multidimensions. Votre Terre est semblable à un incubateur cosmique où furent implantées les semences et les formes-pensées en vue de la Galaxie d'or, pour être ensuite nourries et s'épanouir. Le temps des récoltes est venu, bien-aimés. Et vous êtes les moissonneurs.

Nous, des royaumes angéliques, sommes à vos côtés depuis les débuts, ou la naissance de cet univers en une explosion de gloire, et même avant. De nous, rayonnent vers vous les grands faisceaux réfractés de vertus, de qualités et d'attributs du Créateur, faisceaux qui s'allient en diverses combinaisons et sont doués d'une intensité variable. Nous demeurons surtout dans la sixième dimension et au-delà. Néanmoins, nous réfléchissons notre essence de mille manières et à mille reprises afin de servir, de protéger, de vous inspirer et d'échanger avec vous. Nous faisons partie intégrante de vous, et vous, de nous. Certains d'entre vous sont des reflets de notre essence ; tous ont voyagé en compagnie des royaumes angéliques depuis le commencement des temps, et échangé avec ceux-ci.

À l'heure actuelle notamment, en cette époque unique d'expansion considérable et à ce point culminant d'un grand cycle cosmique, de miraculeux êtres de Lumière provenant de partout dans l'omnivers viennent observer et contribuer à l'enfantement du prochain cycle de Création.

Comment, à votre avis, ces êtres formidables parviennent-ils à atténuer leur vastitude afin de supporter les fréquences vibratoires inférieures des sixième et cinquième dimensions ? Bien-aimés, ils ne le font pas, engendrant plutôt une immense sphère de Lumière semblable à un vaisseau lumineux renfermant les schémas vibratoires et énergétiques de leur propre essence. Ils apportent un peu de leur univers avec eux et jouissent de l'environnement correspondant à l'élégante sphère d'existence d'où ils proviennent. Ils vous observent et apprennent de vous tout en diffusant leur force lumineuse unique ; ainsi ils allient leurs efforts aux nôtres afin de porter secours à la race humaine et à la Terre durant cet enfantement. De nouveau, le Créateur est présent sous ses myriades de formes merveilleuses, car il participe activement à l'expansion de cet univers.

Intrépides guerriers de la Lumière, vous êtes en mesure de créer votre propre sphère d'amour/Lumière ici-bas, une sphère qui comporte l'ensemble des dons de votre héritage divin, un environnement raréfié qui vous alimentera, vous soutiendra et vous aidera à créer votre version du paradis sur terre, un environnement qui vous protégera et vous préservera du tourbillon de fréquences négatives qui sévit dans le monde. Vous serez aptes à faire rayonner votre amour/Lumière vers l'humanité et la planète sans qu'aucune vibration inférieure ne puisse pénétrer votre aura lumineuse.

« Comment y parvenir ? » demandez-vous. En entrouvrant d'abord la porte du temple à votre cœur, là où réside votre Soi-Esprit. Une fois que vous aurez rétabli la connexion avec votre étincelle divine, vous pourrez allumer le feu interne de la transformation qui dort en vous depuis des millénaires. Plusieurs se plaignent de ne pas savoir par où ni quand commencer. Eh bien, faites-le dès aujourd'hui. Engagez-vous à l'instant même, devant vous-mêmes et votre Soi divin, à ouvrir le coffre aux trésors en votre cœur et à reprogrammer votre subconscient. Voici quelques affirmations ou concepts qui faciliteront ce processus. Nous vous les avons déjà donnés. Et nous vous assurons que si vous vous concentrez pendant plusieurs jours sur chacun, si vous les intériorisez fermement et les appliquez de votre mieux à votre vie, votre univers se transformera très rapidement et de la meilleure façon. Votre vie coulera sans heurt et vous chevaucherez les vagues de Lumière ascensionnelle tout en recouvrant votre héritage et la maîtrise de votre Soi.

- Nous vous incitons à admettre cette vérité universelle selon laquelle vous êtes des cocréateurs aux côtés de la pensée de Dieu. Quels sont vos rêves les plus délirants ? Quelle sorte de monde souhaitez-vous pour votre Terre ? Construisez-le mentalement, conservez-le dans votre cœur et imprégnez votre nature émotionnelle du désir de le voir se réaliser, puis affirmez-le et donnez-lui réalité.

- Chers amis, il faut vous élever au-dessus de ce que la société en général considère comme bien ou mal. Ne vous laissez pas démonter et ne vous sentez pas forcés de justifier vos convictions. Osez savoir, osez accomplir, et gardez le silence.

- Si vous demeurez centrés sur le cœur et maîtrisez vos pensées, vous saurez toujours comment agir et où vous devez être. Vous serez immanquablement au bon endroit, au bon moment !

- Comment déterminer si vous êtes chacun passé à un état de grâce ? Vous le saurez lorsque la beauté de votre âme transparaîtra dans votre entourage ; vous le verrez en fait dans le regard des autres. Vous le saurez quand l'abondance surviendra dans votre vie. Quand votre âme et votre cœur se mettront à chanter. Quand il deviendra impossible de vous taire et que vous vous sentirez contraint de partager vos heureuses expériences avec quiconque est disposé à écouter.

- Appréhendez chaque nouveau défi avec enthousiasme. Qu'est-ce que cette personne essaie de m'enseigner ? Quelle révélation me reflète-t-elle ? Quelles sont les idées erronées auxquelles je m'attache et dont je dois encore faire l'expérience ? Percevez chaque défi comme une occasion de progresser vers l'état de maître.

- Que vous signale votre corps ? Mettez-vous à l'écoute. Est-il désaligné ? Lui accordez-vous les soins dont il a besoin :

une nourriture santé, de l'exercice et des idées justes, saines. N'oubliez pas que les pensées sont aussi des aliments.

- Restez centrés sur votre cœur et votre âme, bien-aimés ; demeurez consciemment à l'écoute de votre Soi supérieur pour entendre les messages et les instructions qui vous parviendront de plus en plus fréquemment. La période d'attente et de préparation s'achève. Le moment est venu d'agir.

- Nous allons transmettre des messages de divers taux vibratoires et à différents niveaux, et chacun saura s'ils lui sont destinés, car ils résonneront alors au plus profond de son être. Recevez les messages qui vous semblent appropriés sans toutefois vous décourager ou ressentir de la honte si vous n'êtes pas prêts à endosser le plein manteau de votre spiritualité.

- Permettez-nous de vous assurer, chers amis, que vous n'êtes pas en danger ! Vous n'êtes jamais sans protection, et ce, à chaque instant. Tant que vous serez en harmonie avec votre Soi intérieur, vous saurez inévitablement ce que vous devez faire et où vous devez être, sauf si vous accordez foi à l'illusion de la pénurie, de la destruction et des fléaux. Dans votre nouvelle existence, avez-vous besoin de ce genre d'enseignement ? Certainement pas !

- Méditez tous les jours et le soir aussi ; mieux encore, devenez une méditation vivante en sorte que chaque instant de veille soit orienté vers le bien suprême de tous. Puis, mariez votre amour et votre puissance pour façonner des méridiens de Lumière et d'énergie afin que votre force aille et vienne entre vous et qu'elle se diffuse de vous vers les cieux et le noyau de votre Terre mère.

- Vous devez adopter le point de vue noble des maîtres : tenez-vous prêts dans le calme, la douceur et la bienveillance, observez et prêtez main-forte lorsque l'occasion se présente ; montrez-vous tolérants plutôt que critiques, car vous savez bien que tout ce qui survient cache une raison et se produit dans un but plus vaste.

- Étendez votre Lumière bienveillante et votre présence aimante aussi loin que possible, chers amis. Conseillez ceux qui viennent à vous. Vos actions vous précéderont et ceux qui ont besoin de votre Lumière et de votre sagesse seront attirés vers vous.

- Nous vous le disons : commencez là où vous vous trouvez maintenant. Mettez-vous à vivre, à respirer et à transmettre à vos proches le pouvoir et l'amour de la vérité et de l'inspiration. La vérité et l'amour engendrent la vérité et l'amour, et peu à peu ils s'accumulent et vous entourent, jusqu'à engendrer un surplus que vous pourrez diffuser dans le monde entier.

- Rien de plus difficile que ce que vous avez déjà vécu ne sera exigé de vous. Vous avez parachevé les aspects les plus ardus de votre transformation. Ce qui reste à faire, « c'est du gâteau ». Prenez plaisir à votre métamorphose, au retour à votre identité véritable, votre vrai VOUS.

- En acquérant de la force spirituelle, de plus en plus d'occasions s'offriront à vous : de nouvelles perceptions, des dons spirituels inconnus, des amitiés différentes. Si vous vous remettez entre les mains de l'Esprit, vos prières seront toujours exaucées, mais de la manière appropriée et en temps opportun.

- Vivez au jour le jour, d'un instant à l'autre. Exercez-vous à demeurer au point zéro du temps Dieu depuis votre âme et votre cœur. Donnez à ceux qui ont besoin de votre dévouement bienveillant et assurez les tâches ordinaires, tout en gagnant de la force spirituelle et en construisant votre champ aurique de Lumière. Votre désir de servir et de secourir l'humanité n'est pas vain. Nous vous entendons clairement. Le moment de vous présenter et d'arborer la bannière spirituelle est venu.

Demandez, et nous répondrons. Invoquez, et nous nous joindrons à vous. Diffusez tout l'amour/Lumière que vous contenez et nous le multiplierons par mille. Nous faisons cause commune, car votre évolution fait aussi évoluer l'univers. Nous sommes là pour vous guider, veiller sur vous et vous protéger.

JE SUIS l'archange Michaël.

26

Un monde tout neuf — un autre vous

Maîtres bien-aimés, acceptez que nous vous aidions à mieux saisir le sens des événements actuels. Laissez-nous vous seconder, vous guider et vous inspirer, comme nous vous l'avons promis. L'époque se prête aux retrouvailles, à l'unité et aussi à l'espoir, car nous voici à l'aube du nouvel âge. Nous l'avons souvent répété, tous doivent prendre position, chaque personne sur terre doit accorder son allégeance soit à la Lumière, soit à l'ombre.

Depuis notre perspective, nous apercevons les énergies de la transformation qui tourbillonnent autour du globe, ainsi que les bouleversements considérables qui s'apprêtent à survenir. Voici un aperçu de ce qui s'est passé. Percevez, avec votre vision intérieure, la Terre entourée d'une large bande sombre sur le plan astral. Cette bande d'énergie est le résultat des formes-pensées de la conscience collective humaine : des vibrations engendrées par la haine, la peur, le jugement, l'avidité, l'intransigeance et la soif de domination et de contrôle. Voyez une autre bande, celle-ci lumineuse, scintillant et brillant ardemment. Composée des formes-pensées émises par ceux qui transmettent l'amour, la compassion, la joie, la paix, la tolérance et la sagesse, elle contient aussi des vaguelettes d'une intense énergie que dégagent les nombreuses prières disant : « Que ta volonté soit faite. Nous prions pour le bien de tous. »

Depuis des millénaires, la bande des ténèbres a invariablement été plus large et puissante que celle de la Lumière. Mais aujourd'hui, la bande de Lumière s'est étendue et déployée radicalement, et par conséquent, celle des ombres rétrécit. Ces âmes bien-aimées qui combattent dans l'angoisse font une dernière tentative désespérée, car au fond d'elles-mêmes elles se savent perdantes. Chers amis, n'oubliez pas qu'elles aussi portent l'étincelle divine et sont les enfants du Créateur. Ce sont leurs actions qui sont odieuses. Mais si vous avez suffisamment de sagesse et de bienveillance pour continuer à prier en ces termes : « Que votre volonté soit faite ; nous sollicitons le bien suprême de tous », alors vous rendez un service inestimable. Ce faisant, vous alignez votre volonté sur celle du Créateur, ce qui nous permet d'utiliser l'énergie bienveillante que vous émettez afin de produire des miracles pour le bien de la Terre et de l'humanité.

Plus tôt, nous vous avons enseigné comment construire une pyramide de Lumière/pouvoir dans les domaines supérieurs. Nous vous avons d'abord demandé d'imaginer que le monde et ses habitants s'y trouvaient, puis de nous y rejoindre. L'exercice que nous vous avons tous incités à faire dans cette pyramide était simple – il s'agissait d'irradier l'amour inconditionnel vers la planète et la race humaine. Pas de requête spécifique ni de sollicitation spéciale, seulement de l'amour pur et innocent émanant du tréfonds de votre âme. Vous avez répondu à l'appel par milliers et vous êtes joints à nous dans cette pyramide magique. Son rayonnement et sa dimension s'étant alors développés de manière inespérée, elle déborde désormais de votre énergie aimante qui s'est mêlée et amalgamée à l'amour/Lumière du Créateur, ainsi qu'à une puissante infusion de force vitale première, ou pur potentiel non manifesté.

Réfléchissez à ceci : Les tours jumelles [à New York] symbolisaient la dualité et l'unité, le commerce international entre diverses races, cultures et nations collaborant ensemble harmonieusement. C'était un rassemblement en vue d'un objectif commun. Ces deux édifices représentaient aussi la force et l'opulence des Etats-Unis ; ils étaient élevés, brillants, et se découpaient clairement sur fond d'azur. Chaque année, des milliers de visiteurs venaient admirer ce prodige d'architecture. Le Pentagone incarnait alors la robustesse et la puissance américaine que plusieurs redoutent et envient tout à la fois.

Les avions rutilants évoquaient aussi la dualité ; ils pouvaient transporter des milliers de personnes partout dans le monde sans anicroche ou être employés comme armes de destruction massive. Peu importe la logique qui sous-tendait au départ le choix de ces sites, nous les percevons encore comme des symboles soulignant la dualité et la polarité qui tiennent captive la race humaine. Bien sûr, les terroristes étaient dans l'erreur, mais ils croyaient suffisamment en leur cause pour mourir en son nom, donner leur vie en un ultime sacrifice. Êtes-vous prêts à faire de même ? Nous vous avons demandé dans le passé si vous étiez disposés à accepter l'ensemble des facettes de la Création. Nombreux sont ceux qui ont répondu par l'affirmative, sans toutefois se douter qu'ils seraient très durement et rapidement mis à l'épreuve.

Les milliers de merveilleuses âmes qui ont consenti à renoncer à leur véhicule terrestre afin de conscientiser les populations par traitement de choc ont en effet démontré de la bravoure. Ensemble, elles célèbrent dans la joie et se dorent aux feux d'un amour et d'un bonheur allant bien au-delà de ce que vous pouvez concevoir. Avec le secours d'une cohorte d'anges, elles diffusent une énergie apaisante et bienveillante à l'intention de leurs proches, tourmentés par le chagrin et éprouvant beaucoup de souffrances en raison de cette grande perte.

Non, nous n'aurions jamais orchestré cette tragédie, mais nous ferons de nouveau appel à tout événement qui nous amènera à faire progresser l'humanité sur la voie de l'évolution et de l'illumination. Des millions, des milliards de gens sont en état de choc et pleurent la perte de tant d'âmes. Grâce à cette peine, le cœur s'est ouvert tout grand et nous leur transmettons des vagues d'amour et de réconfort afin de dissoudre l'angoisse, la haine et la peine du passé. Jamais auparavant tant de pays, de races, de cultures et de religions se sont ainsi associés au nom d'une cause commune. Vos dirigeants se consultent mutuellement ; ils sollicitent ou offrent le secours qui profitera à tous les peuples. Si ces lignes de communication demeurent ouvertes et si on continue de chercher ce qui apportera les plus grands bienfaits à tous, aucune guerre effroyable n'aura lieu, et ce, non seulement pour un nombre restreint d'individus, une race spécifique, une seule nation ou religion, mais pour l'ensemble de la Création. Il faut instiller dans la conscience de l'homme qu'en essence vous ne faites tous qu'Un et que ce qui touche une personne ou une nation touche aussi le monde entier et au-delà. Vous ne pouvez nier ce fait ni vous y soustraire.

Les déflagrations apocalyptiques survenues ont entraîné des répercussions dans l'univers. Elles ont fracassé la bande de ténèbres qui contenait l'énergie résiduelle de jadis, et envoyé l'accumulation des formes-pensées et des énergies négatives se disperser dans les éthers. Imaginez, pressentez les nombreuses âmes sur la planète qui diffusent partout de l'amour et des prières vers ceux qui ont subi une perte, notamment dans la ville de New York et ailleurs aux États-Unis. Voyez leur énergie bienveillante s'unir et se consolider ; elle se met à entourer le globe et s'ajoute à la bande de Lumière. Maintenant, imaginez la pyramide de Lumière/pouvoir et voyez qu'elle contient le monde entier, ainsi que des millions de guerriers de la Lumière irradiant l'amour inconditionnel à l'intention de tous. Observez le puissant vortex qui se tisse et se met à attirer les vibrations et patterns fréquentiels dans la pyramide. Grâce à nos efforts conjugués et à la puissance parfaite du Créateur, ceux-ci sont instantanément transmués en Lumière.

Une occasion précieuse s'offre à l'humanité. Vos décisions immédiates détermineront la vitesse à laquelle la Terre et la race humaine ascensionneront vers les dimensions parfaites et unifiées de paix, de joie et d'abondance, et si ce phénomène s'accomplira facilement et avec grâce, ou dans le conflit et la difficulté. Les populations mondiales produiront-elles encore une bande de ténèbres alimentée par leur haine, leur peur, leur jugement, leur soif de vengeance, ou saisiront-elles l'occasion de consolider et d'élargir la bande de Lumière, cette immense grille de Lumière du Créateur qui éclairera intégralement la planète et sera source de paix, de joie et d'abondance ? Ne vous trompez pas, vos pensées et vos actions peuvent faire, et feront, la différence. Il faut laisser tomber vos divergences, vos vieilles règles, vos anciens schémas de pensée et les réactions qui ne vous servent plus. Vous joindrez-vous à nous, bien-aimés, pour recréer ensemble un sublime paradis terrestre ?

JE SUIS l'archange Michaël.

Quelques exemples de livres d'éveil publiés par Ariane Éditions

Aimer ce qui est
Anatomie de l'esprit
Contrats sacrés
Marcher entre les mondes
L'effet Isaïe
L'ancien secret de la Fleur de vie, tomes 1 et 2
Vivre dans le coeur
Les enfants indigo
Le pouvoir de créer
Célébration indigo
Aimer et prendre soin des enfants indigo
Série Conversations avec Dieu, tomes 1, 2 et 3
L'amitié avec Dieu
Communion avec Dieu
Nouvelles Révélations
Le pouvoir du moment présent
Mettre en pratique le pouvoir du moment présent
Quiétude
Le futur est maintenant
Sur les ailes de la transformation
Messages du grand soleil central
Révélations d'Arcturus
L'amour sans fin

Série Soria :
Les grandes voies du Soleil
Maîtrise du corps ou Unité retrouvée
Voyage
L'Être solaire
Fleurs d'esprit
Cercles de paroles

Série Kryeon :
Graduation des temps
Allez au-delà de l'humain
Alchimie de l'esprit humain
Partenaire avec le divin
Messages de notre famille
Franchir le seuil du millénaire
Un nouveau départ